당신을 위한
# 은행은 없다!

돈을 버는 방법보다,
돈을 잃지 않는 방법을 아는 것이 더 중요하다.

# 당신을 위한

NO

BANK

for YOU

# 은행은 없다!

하준삼 지음

가넷북스
Garnet Books

# 당신을 위한 은행은
# 존재하지 않는다.

우리에게 친숙한 은행, 그러나 당신을 위해 존재하지 않습니다.
'나 스스로 어떻게 자산을 관리하고 대응해야
하는지?'에 답을 구해봅니다.

직장생활 30년을 은행에서만 보냈다. 가족의 생계를 책임질 수 있었고, 다양한 커리어와 함께 상품전문가로서, 석사와 박사학위 공부도 할 수 있었던 것은 안정된 은행이라는 직장을 선택했기 때문이라고 생각한다. 내게는 소중하고 감사한 조직이었다. 또한, 30년간의 대기업 조직 생활은 대학에서 학생들에게 실무와 현장 경험을 가르치는데 큰 도움이 되고 있다.

아무것도 모르고 그저 선배들의 업무를 그대로 따라 하던 직장 새

내기 시절, '은행이 어떤 일을 하는구나' 하고 조금 알아가던 시기에 겪은 IMF 금융위기, 적립식 펀드 열풍이 일던 시기에 본점에서 투자 상품 업무를 맡아 승승장구하던 때에 터진 2008년 글로벌 금융위기, 시니어 PB로 고액자산가의 자산관리를 보람있게 하던 시기에 터진 국내 사모펀드 사태 등은 은행의 역할과 고객과의 관계에 대해서 깊은 생각을 하게 한 주요 사건들이었다.

직장생활 30년 중 10여 년은 지점에서 고객 상담과 마케팅 업무를 하고 20년 가까이 본점에서 직원교육, 투자상품 판매와 상품 개발, 퇴직연금 업무, PB로 자산관리 업무를 하였다.

고객에게 상품을 판매할 때, 고객 입장에서 생각하고 상품을 권유하는 것이 바람직하지만, 영리 추구를 하는 사기업인 금융기관의 존재 목적인 이윤 추구, 그리고 경영진의 입장, 여러 제도적인 한계점 등으로 때로는 고객의 입장에서 더 배려하지 못한 업무가 있었던 것은 아쉬운 부분이다.

고객은 대형 은행과 거래하면 '나의 입장을 우선적으로 고려해서 상담과 상품을 권유해 주겠지!'라고 생각하지만 때때로 여러 상황과 이유들로 인해서 그렇지 못한 경우가 발생하는 것은 미국을 비롯한 금융선진국에서도 일어나는 문제 중 하나이다.

이번 책에서는 경제생활에서 빠질 수 없는 주요 금융기관인 은행의 업무와 역할을 알아본다. 그리고 그동안 우리가 잘 알지 못했던 은행의 한계점과 문제점을 살펴보고 일반 고객이 대응해야 할 바람직한 행동지침도 파악하여 안내할 것이다.

그리고, 정부 당국과 은행이 좀 더 고객의 입장에서 정책과 제도적인 실천을 할 수 있도록 개선방안에 대해서도 언급하려고 한다.

20대에 시작해서 50대 중반까지 젊음의 큰 자락을 보낸 은행에 대해서 쓴소리도 하게 되는 것에 대해 마음이 편치는 않지만, 대다수 국민의 입장에서 꼭 알았으면 하는 내용과 방법을 제시함으로써 경제생활에 도움을 주고, 또 그것이 크게는 은행산업 발전에도 함께 도움이 될 것이라고 믿기에 책을 출간하게 되었다.

인터넷, 유튜브에는 '돈을 잘 버는 비법'에 대한 콘텐츠가 너무 많다. 근거 없는 내용으로 투자자를 혼란스럽게 한다. 그렇게 좋고 확실한 방법이 있으면 왜 그렇게 광고를 할까?

돈을 버는 방법도 좋지만, 경제상식과 제도와 상품들을 잘 이해해서 최소한 돈을 잃지 않는 것을 배우고 아는 것이 더 중요하다.

책의 내용은 금융기관인 은행의 역할과 책임부터 투자자인 고객이 알아야 할 상품의 기본, 금융기관의 이용 방법, 자산관리 팁 등을 모두 포함하였다.

이 책이 만들어지는 데 도움을 주신 분들께 감사의 말씀을 전합니다. 바른북스의 김병호 대표님, 구다은님 감사합니다. 매번 기사 작성 시 감수해준 한경닷컴 김하나 부장님, 신민경 기자님 감사합니다.

아울러 저를 낳아주신 부모님, 동생들, 늘 한마음으로 응원해 준 사랑하는 아내 윤신, 그리고 멋진 아들 동우, 예쁜 딸 선우에게도 고마움을 전합니다.

앞으로도 지금까지 해왔던 것처럼, 꾸준하고 부지런하게 자신을 성찰하고 늘 남에게 도움을 줄 수 있는 삶을 살 수 있도록 노력하겠습니다.

2023년 찬바람 부는 겨울에
하준삼

· 2부 ·

# 상식으로 접근하는
# 경제생활

# 은행보다
# 당신에게
## 도움이 되는 것은?

## 1부

NO BANK
for YOU

# 은행의 역할과
# 우리의 기대

## 은행에서
## 기대하는 것들

　　　　　금융시장은 살아 있는 생물처럼 끊임없이 움직이고 늘 변화한다. 은행도 그 한가운데에 자리 잡고 앉아 경제의 중추적인 역할을 하고 있다. 그러나 그 역할과 기능, 보여지는 모습들은 시대의 변화에 따라 빠르게 변화하고 있다.

　내가 지금은 없어진 조흥은행에 첫 출근을 한 1993년만 하더라도, 은행에서 취급하는 업무는 예금과 대출 업무를 기본으로 외국환 업무<sub>수출입 업무 포함</sub>, 당좌 업무, 신용카드 업무 등은 베테랑 직원이 맡았다. 그러나 지금은 이 모든 업무를 직원 한 명이 원스탑One Stop으로 다 해내고 있다.

지금은 예금과 대출의 기본 업무 외에 투자상품 판매, 방카슈랑스, 신용카드, 세금 수납, 등등 업무 범위가 점차 늘어가고 있다. 한 은행에서는 '배달앱'까지 만들어서 업무영역을 확장하고 있다.

30년 전의 은행은 하루 일과가 마감되려면, 지점에서 입금과 출금 등 모든 거래를 기록하는 종이전표 용지를 한데 모아서 숫자가 1원 단위까지 딱 맞아떨어지지 않으면 전 직원이 퇴근하지 못하는 구조와 시스템이었다. 지금은 은행의 지점을 방문하지 않더라도 개인 PC, 핸드폰으로도 각 개인이 은행에서 할 수 있는 업무의 대부분을 처리할 수 있으니 세월의 변화를 피부로 생생하게 느낀다.

고객들은 '은행' 하면 무엇보다 먼저, 가장 기본적인 업무인 예금과 대출 업무를 생각한다. 은행은 고객들로부터 예금을 받아서 자금이 필요한 기업과 개인에게 대출의 형태로 자금을 공급한다.

이를 통하여 은행은 경제의 자금 유동성을 확보하고, 개인과 기업에게 자금을 지원한다. 예금은 안전하게 보호되며예금자보호법에 의하면 금융기관마다 1인당 5천만 원까지 보장이 되지만, 대형 시중은행의 경우 예금금액이 많아도 일반적으로 문제가 될 위험은 거의 없다, 대출은 경제활동을 활성화하고 기업과 사회가 발전을 하는 데 매우 중요한 역할을 한다.

아래는 주요 국가별 예금자 보호 한도로 우리나라가 비교적 적은 금액이고 더 늘려야 한다는 여론이 있지만, 여러 사정 때문에 미뤄지고 있다.

| 국가 | 예금자보호 한도 | 원화 환산 (2023.10.4. 기준환율 적용) |
|---|---|---|
| 미국 | 25만 달러 | 약 3억4천만 원 (1,358.5) |
| 일본 | 1천만 엔 | 약 9천1백만 원 (910.84) |
| 독일 | 10만 유로 | 약 1억4천2백만 원 (1,422.62) |
| 중국 | 50만 위안 | 약 9천3백만 원 (185.59) |

종종, 언론이나 정치권에서 은행이 예금과 대출의 금리 차이, 즉 예대마진으로 손쉽게 이자장사로 이익을 창출하며, 첨단 금융시스템 개발, 선진 금융 기법 도입, 다양한 사업 분야 진출을 통한 부가수입 창출 노력이 부족하다고 이야기한다. 그러나 정작 경기가 불황에 빠지고, 경제가 어려울 때에는 그런 이야기는 쏙 들어가고 어려움을 겪는 중소상공인, 대출이 쉽지 않은 취약 계층에 대한 지원을 늘려야 된다고 이야기한다.

30년 동안 은행을 다녔지만, 어느 장단에 맞추어야 은행이 잘한다는 소리를 들을 수 있는지 헷갈리는 경우가 많았다. 예전처럼 고객으로부터 예금을 받아서, 필요한 개인과 기업에 자금을 빌려주는 은행의 고유 업무에 집중하는 것은 매우 중요한 일일 터인데, 그 중요성에 비해 외부에서 은행을 바라보는 시각은 그렇지 않은 것 같다.

　시대가 변하면서 은행을 바라보는 일반 국민들의 눈높이와 시각은 많이 달라졌다. 30여 년 전만 하더라도 '은행의 문턱이 높다'라는 이야기가 많았다. 지금처럼 많지 않은 은행과 지점 수에, 대출한도와 금리가 은행원 개인의 재량에 많이 달려 있다 보니, 돈을 빌려야 하는 입장에서는 은행이 상당한 '갑'의 입장이라고 느꼈을 것이다.

　그래서 명절 때가 되면, 기업들이 각 은행의 대출 담당자에게 인사하는 경우가 명절 모습이었다. 지금은 잘 쓰지 않는 구두 상품권을 명절 때가 되면 은행 지점에서 쉽게 볼 수 있었다. 시대가 변하고 은행의 숫자가 늘어나 경쟁이 심화되다 보니 풍경이 변했다.

　이제는 은행의 기업 담당자가 명절 때가 되면 대출을 받는 기업체를 방문하여 계속해서 자기 은행에서 대출을 이용해 달라고 선물을 들고 가서 부탁을 하는 것이 흔한 일상이 되었다.

나의 경우에도 지점에서 기업대출 매니저<sup>RM Relationship Management</sup>를 3년 동안 했는데, 신규 대출 유치를 위해 틈만 나면 공단지역에 있는 기업체를 방문했었다. 달갑지 않은 은행직원에 대한 차가운 시선이 있음에도 불구하고 닥방<sup>이유 여하를 막론하고 닥치고 무조건 방문하는 것</sup>을 하였다. 100번 방문에 한 번이라도 성공하기를 기원하면서.

요즘도 차를 타고 가다가 기업체가 많은 공단지역을 지날 때면 '저 수많은 공장에 주거래 은행이 하나씩 다 있겠지!' 하고 생각한다.

앞으로 시대가 변하고, 여러 여건들이 바뀌고, 은행의 지점 수가 지금보다 현저하게 줄어들더라도 예금과 대출의 기본적인 업무는 사라지지 않을 것이다.

거래하는 고객들은 무엇보다도 은행에 **안전한 자산 보호와 신뢰감**의 기대를 가지고 있다. 그러나 현실에서는 때때로 이러한 기대를 저버리고 실망감을 주는 사건들이 뉴스의 일면을 장식하기도 한다.

은행직원의 횡령, 고객 자금 유용, 투자상품의 거액 손실 발생 등 은행 하면 떠오른 '안정감, 신뢰감, 믿음'의 용어와는 전혀 어울리지 않는 사건들이 잊을만하면 발생하고 있다.

뒤에서 살펴보겠지만, **은행 간 수익성 경쟁 심화, 직원들의 선의의 관리자 의무 소홀, 정부 당국의 관리·감독 부실** 등이 원인으로 보인다. 고객이 맡긴 돈을 안전하게 보관·관리하고, 고객의 입장에서 선의의 자산관리를 한다면 큰 문제가 발생하지 않을 것 같은데, 실상은 그렇지 않은 것이다.

출처 : Pixabay

은행을 거래하는 고객이 은행에 기대하는 것들을 하나씩 알아보자.

첫째, 수익성보다는 안정성이다.

똑같은 투자상품을 판매하는 은행과 증권회사가 있다고 할 때, 은행을 거래하는 고객은 증권회사에서 판매하는 상품보다는 덜 위험한 구조의 좀 더 보수적인<sup>낮은</sup> 수익률을 기대하고 거래한다. 물론, 원금이 보장되지 않는 투자상품이지만 왠지 '은행에서 판매하는 투자상품은 최소한 원금은 보장되지 않을까?' 하는 막연한 기대감을 갖고 거래하는 고객도 상당수 있다는 것이 오랜 기간 은행에서 투자상품 개발과 판매를 해본 나의 생각이다.

우리나라의 경우 증권회사와 은행에서 판매 가능한 상품 중 위험도와 수익성을 비교해 보면, 증권회사에서 판매하는 상품이 좀 더 복잡하고 위험한 구조, 그리고 기대수익률이 더 높은 경우가 많다. 은행과 증권회사를 거래하는 고객이 생각하는 상품의 위험성향 정도가 다른 것이다.

2000년 초반 은행에서 투자상품인 펀드를 처음 판매하려고 할 때, 운용실적에 의해서 상품의 수익률이 달라지고, 원금은 보장되지 않으며 손실도 가능한 상품이라는 것은 은행직원에게도 쉽게 설명하기 어려웠다. 그전까지는 실적배당에 원금손실이 가능한 상품은 은행에서 본격적으로 판매하지 않았기 때문이다.

펀드운용회사의 마케팅 담당직원과 '펀드의 구조와 성격은 무엇인지? 적립식 펀드의 장점은 무엇인지?'에 대해 몇 달에 걸쳐 전국 지점을 일일이 방문하면서 설명회를 개최했던 것은 지금도 힘들었지만 보람 있고 소중한 나의 경험이다.

둘째, 은행과 은행직원의 이야기를 신뢰한다.

지금은 은행을 방문하지 않고 인터넷이나 모바일뱅킹으로 은행업무의 상당 부분을 처리할 수 있기 때문에 은행직원을 직접 만나서 상담하는 일은 많지 않다.

그러나 10년 전까지만 거슬러 올라가도 돈을 출금하는 업무뿐만 아니라 은행 관련 대부분 업무는 직접 지점을 방문해야 했었다. 특히 돈을 빌리는 대출 업무는 더욱이 담당자를 만나서 본인 또는 기업의 상황을 잘 설명하고 이해를 구해야만 했다.

요즘 인터넷은행에서 직장인이 신용대출을 받는 데 걸리는 시간은 채 10분도 걸리지 않는다. 대출을 받고자 하는 대상자의 국민연금과 건강보험료 자료를 가져와서 연소득과 신용도를 판단하여 대출한도와 금리를 판정한다. 그리고 판정된 대출을 신청하면 5분 안에 대출이 실행되어 통장으로 입금된다. 개인이 신용대출을 받는데 일주일씩 걸리던 것에 비하면 상상도 못 할 풍경이다.

시중은행의 경우에도 예전보다 대출이 실행되는 시간이 며칠에서 당일 또는 이틀 정도로 당겨졌지만, 여전히 대출받는 사람이 은행 지점을 방문하여 대출받는 것을 선호한다. 그러면서 대출 외에 다른 거래예금/적금, 신용카드, 퇴직연금 등가 추가되면 대출금리를 깎아주면서 거래 메인화를 유도하는 방식이다.

나의 경우에도 대출한도의 제한이 있는 근무하던 은행에서 신용대출을 받지 않고, 인터넷은행에서 더 많은 대출한도로 대출을 받아보았다. 정말 10분 안에 대출한도와 금리가 정해지고, 대출금액이 통장으로 입금되는데, 대형 시중은행에서 오래 근무한 경험으로는 '정말 이게 되네' 하는 정도로 신기한 경험이었다.

누가 보더라도 안정적인 직장인공무원, 교사, 대기업/중소기업 직원 등의 금융기관 신용대출한도는 그 사람의 '1년 치 연봉 + 알파'이다. 이런 사람은 국내 금융기관 어디를 가더라도 비슷한 대출한도를 받을 수 있고, 거래실적에 따라 대출금리만 조금 달라진다.

직업이나 직장이 다소 안정적이지 못하고, 소규모 자영업을 하는 사람들은 은행을 직접 방문하여, 자신의 소득 규모와 자금 상황을 증명하고 신용도를 검토하여, 대출한도와 금리를 파악할 수 있다. 특히 저소득, 저신용자를 위한 '햇살론, 새희망홀씨 대출' 등은 시중은행에서 상담을 통해 실행이 가능하다.

따라서 지금 당장은 아니더라도 미래에 사용할 자금을 필요한 만큼, 낮은 금리로 대출받기 위해서는 평소에 주거래 은행을 정하고, 여러 가지 충분한 조건을 쌓아두는 것이 필요하다.

셋째, 은행은 사기업임에도 불구하고 경제의 공적인 역할을 담당하므로, 사회 공익활동에 기여하고 각종 봉사활동에 참여할 것을 기대한다.

예금과 대출의 중개로 자금이 잘 순환되어 경제가 활성화되도록 하는 기본적인 일은, 사기업 금융기관인 은행이 공적인 기능을 수행하는 것이다. 따라서 예금금리는 적게 주고, 대출금리는 많이 받아서 폭리를 취할 수도 있지만, 국민경제에 매우 큰 영향을 미칠 수 있기 때문에 예금과 대출한도 및 금리적용은 정부 당국의 규제와 감시를 수시로 받고 있는 것이다.

미국의 경우, 은행 숫자가 수천 개도 넘지만, 우리나라의 경우 시중은행, 특수은행, 지방은행을 포함하여 20개가 되지 않는다. 미국은 경제 규모도 크고, 땅도 넓어서 많은 은행이 필요했겠지만, 근본적인 이유는 은행 설립에 대한 규제가 적기 때문이다. 즉 최소한의 전산시설, 관리인력, 최소 자본금 등의 기준을 갖추면 누구나 은행업을 할 수 있다.

반면에 진입장벽이 낮은 만큼 은행의 부도는 일반 기업의 부도만큼 흔하기도 하다. 미국 대공황의 시기에는 무려 2,000개가 넘은 은행이 파산했다고 한다.

우리나라는 1960년대 경제개발을 본격적으로 추진하면서, 중공업, 대기업 위주의 경제정책을 시행하고, 여기에 맞게 자금을 지원하는 것이 은행의 주된 역할이었다. 따라서 겉모습은 사기업이지만, 실제 속 모습은 정부의 정책을 시행하는 공기업의 성격도 가지고 운영되었던 것이다.

이렇다 보니, 한국에서 은행업 면허를 획득하는 것은 정부에서 특별한 목적으로 허가를 내어주지 않으면 불가능한 일이다. 현재는 5대 시중은행이 독과점 형태로 사업을 하고 있다. 국민은행, 신한은행, 우리은행, 하나은행, 농협은행

국내 시중은행의 상당 부분은 외국인 투자자가 많은 지분을 가지고 있지만, 정부정책이나, 공공을 위한 사업과 제도에 적극 참여하고 지원을 하고 있다. 심지어 경영진 선임 때마다 불거지는 낙하산 인사 또는 인사 압력 뉴스는 시중은행이 사기업인지 공기업인지 헛갈리게도 한다.

이것은 아마도 과거 산업화 초기 국내 은행 설립과 그동안 해온 은행의 국내경제 부흥에 기여한 역할의 역사, 그리고 소수 은행의 독과점으로 국민경제에 미치는 영향이 지대하기 때문에 많은 규제와 감독을 받고, 또 그것이 '관치금융'이라는 이야기로 나오기도 하는 것이다.

넷째, 은행은 고객의 자산을 관리하고 투자할 수 있는 다양한 금융상품과 서비스를 제공한다.

출처 : Pixabay

은행의 전통적이고 가장 기본적인 예금과 대출을 통한 자금의 중개 기능뿐만 아니라 투자상품을 통한 자산운용 및 관리 부분까지 영역이 점차 확대되고 있다.

나도 은행에서 30년을 보내기 전까지는 '은행이야 예금과 대출만 잘하면 되는 거 아닌가?' 하는 단순한 생각만 했었다. 그러나 30년 은행생활 중 20년 이상을 본점에서 연수, 투자상품, 퇴직연금, PB 자산관리 등 다양한 업무 경험을 하다 보니, 말 그대로 '시중은행은 대기업이고 거기서 어떤 업무를 맡느냐에 따라 전문성이 달라지는구나' 하고 생각하게 되었다.

특히 투자상품 업무는 전통적인 은행의 업무영역과 은행을 바라보는 고객의 시각까지 바꾸어 버리는 영역확대라고 볼 수 있다. 과거에 한국에서 '은행' 하면 안전하게 돈을 보관하고 이자를 확실하게 더해주는 믿을 수 있는 금융기관이라는 인식이 확고하게 뿌리 잡고 있었다.

그러나 은행에 '실적배당 신탁상품'이 먼저 도입되고 이후 간접투자상품인 '펀드'상품을 자산운용사에서 가져와서 판매하였다. 여기서 은행 예금이자의 몇 배가 되는 이익도 발생했지만, 때때로 원금의 상당부분이 손실로 기록되면서 은행과 이를 거래하는 고객에게도 낯설고 아픈 경험이 시작되었다.

2008년 미국의 서브프라임 모기지로 촉발된 증시 하락으로 은행에서 펀드상품을 거래하던 많은 일반 고객이 원금손실을 경험하였으며, 최근 몇 년동안은 사모펀드의 부실 관리로 투자자들이 상당한 원금의 손실을 기록했고 일부는 아예 원금을 받지 못하는 경우도 있었다.

앞으로도 투자상품의 다양화와 신규상품이 출시될 텐데, 투자자의 위험 감내도와 투자성향에 맞는 상품이 권유되어야 할 것이다. 그리고 은행에서는 상품 출시 전에 철저한 상품 검토, 출시 후에는 꼼꼼한 상품의 사후관리가 병행되어야 한다.

은행과 역할과 거기서 예상하는 고객들의 기대는 늘 차이가 있어왔다. 사기업인 은행이지만 경제시장에 자금의 수요와 공급을 연결하는 공적인 활동을 충실히 해야 한다. 그리고 고객의 자산투자와 관리에 충실히 하여 보다 신뢰감을 줄 수 있도록 더 노력을 해야 할 것이다.

더불어 금융후진국이라는 오명을 벗고 반도체, 조선 등 세계 1등 산업 분야까지는 아니더라도 선진국 수준의 상품과 시스템을 갖추는 은행산업이 만들어져야 한다.

# 리스크 관리
# 실패사례와 교훈

고객의 소중한 돈을 취급하는 은행은 어느 회사보다 투명하고 안전하게 자금을 관리하고 이 자금이 각종 위험에 노출되지 않게 관리해야 한다. 그리고 고객들은 당연히 은행에 맡긴 돈은 안전하게 관리될 것이라고 믿고 있다.

개인이 자기 자산을 관리할 때처럼 꼼꼼하고 세심하게 관리하면 될 터인데, 주식회사, 금융기관, 정부, 지방자치단체 등 그렇지 않은 경우가 발생하고 매번 '소 잃고 외양간을 고치는' 사례가 반복되고 있다.

리스크에 대한 정의와 대표적인 리스크 관리 실패사례, 그리고 여기서 얻을 수 있는 교훈들을 알아본다. 더불어 최근의 국내 은행의 리스크 관리 실패사례와 재발 방지 대책도 제시해 본다.

리스크Risk란 무엇인가? 리스크를 우리말로 옮기면 '위험, 손실' 등으로 단순하게 풀이된다. 리스크는 상해나 손실 등 부정적이나 바람직하지 못한 일이 일어날 확률을 가리킨다. 하지만 경영학, 금융분야에서 사용하는 범위는 생각보다 광범위하다.

경영학, 금융분야에서 리스크의 정의는 '기업의 목표 달성에 부정적 영향을 미칠 수 있는 일이 발생할 불확실성Uncertainty'이다. 주식투자를 하는 경우, 주식가격이 오르거나 내리거나 하는 가격의 변동성을 리스크로 볼 수 있다. 즉 하락하는 쪽만 아니라 상승하는 것도 예측을 벗어나면 위험이 될 수 있는 것이다.

위험회피는 인간이 과거 원시수렵시대 때부터 내려온 DNA에 녹아있다. 사냥을 성공하여 먹을거리를 얻으면 좋지만, 맹수를 맞닥뜨려 위험에 빠지는 경우 생존을 위협받기 때문에 본능적으로 위험을 회피하는 것이 생명을 유지하는 데 필수이다. 수만 년을 거치면서 우리 몸에는 '위험회피 DNA'가 각인되어 왔고, 그렇게 버틴 인류만이 생존을 이어왔다.

출처 : Pixabay

이러한 위험회피 성향은 우리가 살아가는 생활방식뿐만 아니라 금융거래에서도 극명하게 나타난다. 사람의 본성 안에는 위험회피 성향이 있다. 투자를 하여 20% 수익이 나는 경우와 반대로 10% 손실이 나는 경우, 투자자는 10% 손실에 더 민감하게 반응하고 시간을 두고

이를 견디기보다 더 커질 위험에 노출되지 않기 위해 손절매하는 경우
가 더 많다.

리스크 관리를 제대로 못 해서 회사 및 거래하는 고객에게 막대한
피해를 준 사례를 알아본다. 해외의 대표적인 리스크 관리 실패사례
와 국내 은행 관련 사례를 차례로 살펴보자.

- 해외사례 : 영국 베어링 은행, 미국 오렌지카운티 투자 실패사례
- 국내사례 : KIKO 사태, 우리은행, 경남은행 횡령사례

해외사례는 리스크 관련 이슈에 대표적으로 나오는 사건인데, 과정
과 원인, 교훈에 대해서 알아본다.

## ◈ 영국 베어링 은행 파산사건

베어링 은행은 1990년대 중반까지 영국 6위의 금융그룹의 주축이
었으며, 200년의 역사와 전통을 가진 보수적인 은행이었다. 직원인 닉
리슨은 파생상품 담당자로 한 때 베어링 은행 총이익 중 20% 정도의
실적을 올리는 등 스타급 펀드매니저로 각광을 받았다.

닉 리슨은 일본 증시의 상승을 예측하며 선물시장<sup>파생상품이 거래되는</sup>
시장 중 하나에서 거액을 주가가 오르는 방향으로 투자를 하였지만, 일
본의 고베 대지진이 발생하면서 일본 증시는 큰 폭으로 하락하게 된

다. 큰 손실을 입은 닉 리슨은 이를 만회하기 위해 더 많은 돈을 추가로 투자하였으나 결국 13억 달러의 손실을 입게 된다.

이 한 번의 투자로 200년의 베어링 금융그룹은 1995년 2월 파산하고, ING 그룹이 10억 달러의 부채를 모두 떠안는 조건으로 베어링 금융그룹을 단돈 1파운드에 인수한다.

## 교훈

① 파생상품의 위험성 인식 부족
② 조직은행 내부의 리스크 관리 부실
③ 정부 감독기관의 관리시스템 부재

출처 : Pixabay

① 투자상품의 대표인 주식, 채권은 투자하는 회사가 파산하는 경우, 남아 있는 회사의 자산을 정산하여 투자 비중만큼 돌려받는다. 자산보다 부채가 더 많아져서 최악의 경우, 투자자는 원금을 모두 잃을 수 있다.

위험을 **헤지**Hedge하기 위한 목적으로 만들어진 **파생상품**은 **레버리지** 구조로 인해 수익이 커질 수도 있지만, **손실이 발생하면 투자원금뿐만 아니라 투자금의 몇십 배의 손실도 가능한 상품이다.** 그러나 투자수익에만 관심을 가지고 투자손실 관리가 잘되지 않을 경우, 큰 손실 발생이 가능하다는 것을 알고 접근해야 한다. 보통 기업에서 환율 변동에 따른 위험을 헤지하기 위한 수단으로 제한적으로 사용하는데, 국내에서는 고수익 투자의 수단으로 접근하여 개인 투자자들이 손실을 보는 경우가 많은 편이다.

② 방대하고 다양한 부서로 나누어진 대기업 조직에서 전체를 체계적으로 관리하기는 쉽지 않다. 그러나 리스크 관리 부서에서는 은행이 여러 투자수단으로 인하여 최대로 잃을 수 있는 한도관리를 필수적으로 해야 한다. 파생상품의 특성상 투자금 대비 레버리지가 일반 투자상품 대비 매우 크기 때문에 파생상품의 거래 건당 잃을 수 있는 최악의 경우를 대비하여 거래 규모와 건수를 제한하여 관리하여야 한다.

경영진에서는 파생상품이 가져다줄 수 있는 수익의 규모에만 관심을 가지고, 그 반대의 경우에 대한 관리와 최대 손실규모에 대한 관리가 부실하였다.

③ 주요 금융기관이 부실하게 운영되고 파산하는 경우 한 나라의 경제 전반에 미치는 영향이 지대하다. 일반적으로 예금과 대출의 자금관리가 감독기관의 주요 관심사이다.

반면, 투자결과의 변동성이 큰 파생상품은 은행업의 주요 분야도 아닌 데다가 감독기관에 해당 전문가가 많지 않아서 제대로 된 관리도 미흡하였다. 투자원금 대비 상하의 변동성이 매우 큰 파생상품의 경우에는 너무 심하다 할 정도로 투자 규모와 거래 건수에서 한도관리가 필요한 분야임에도 불구하고 감독기관의 상시관리는 매우 미흡하였다.

또한 **스트레스 테스트** Stress Test : 은행들이 악화된 경제상황을 가정하여 견딜 수 있는지를 보기 위해 예상 손실을 추산하고 이에 대한 관리능력을 평가하는 것를 통한 최악의 경우를 산정해서 은행별 파생상품에 대한 철저한 한도관리가 되어야 한다.

◈ 미국 오렌지카운티 투자 실패사례

오렌지카운티는 미국의 캘리포니아 지방정부 중 하나이다. 어느 기관이든지 보유자산을 비교적 안전한 곳에 투자하여 관리하려고 한다. 특히 정부, 지방자치단체는 더 보수적으로 운용한다. 이 지방정부의 재정담당관은 금리가 하락할 것으로 예상하고 고금리 장기채권에 투자한다. 이 과정에서 오렌지카운티가 보유한 채권을 투자은행에 담보로 맡기고 이 자금으로 장기채권에 투자하였다. 이렇게 얻은 채권을 다시 담보로 돈을 빌려 채권에 투자하면서 몇 배의 레버리지가 가능하게 되었다.

채권은 이자를 고정적으로 받으면서 만기에 원금을 받는 비교적 안전한 투자이다. 투자한 회사가 파산하지 않으면 이자와 원금을 받는다. 이렇게 레버리지를 일으켜 장기채권에 투자한 것은 금리가 하락하여 채권가격이 올라갈 것으로 예상했기 때문이다.

그러나 이자율은 지속적으로 상승하여 채권가격은 반대로 하락하게 되었다. 채권가격의 하락은 담보채권의 하락이므로 투자은행에서는 하락한 만큼의 금액의 마진콜파생상품 거래에서 투자원금의 손실이 발생하여 추가로 증거금을 요구하는 것을 요청한다. 하지만 오렌지카운티의 재정상황은 추가적인 마진콜에 대한 대응이 불가능하였고, 결국 카운티의 파산을 불러왔다.

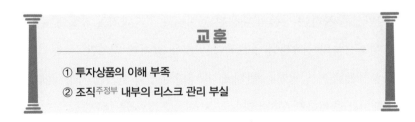

**교훈**

① 투자상품의 이해 부족
② 조직주정부 내부의 리스크 관리 부실

① 채권은 주식 대비 비교적 안전한 상품이다. 투자한 회사가 망하지 않으면 원금과 이자를 확실히 받는다. 따라서 리스크 관리도 크게 신경 쓰지 않는 편이다. 그러나 보유 채권을 담보로 돈을 빌려 다시 채권에 투자하는 과정을 몇 번 거치면서 레버리지가 커지게 되었다.

채권을 담보로 맡기고 대출을 받았기 때문에 금리상승으로 채권가격이 하락하면, 담보의 가치가 떨어지고 하락한 가치만큼을 현금으로 채워야 하는 상황이 된다. 안전한 채권투자가 몇 번의 레버리지 구조의 투자로 금리변동 위험에 크게 노출되게 된 것이다.

따라서 투자하는 상품의 내용뿐만 아니라 투자과정의 진행 및 관리도 투자상품의 성격만큼 중요하다는 것을 알아야 하지만, 수익 내기에 급급한 투자 담당자는 반대로 몇 배의 손실이 발생할 가능성에 대한 대처는 준비하지 못하였다.

② 주 정부 내에 투자상품 관련 전문가도 이를 관리할 리스크 담당자로 충분하지 않았다. 투자한도와 시장상황이 나빠지면 얻게 될 손실의 규모는 필수적으로 관리되어야 하는 문제이다. 원금보장과 유동성이 우선되어야 하는 지방정부의 투자라면 더 보수적으로 운영·관리되어야 하는 것이다. 그러나 투자 담당자뿐만 아니라 상급 관리자, 위험관리 담당자들도 위와 같은 레버리지 투자에 대한 위험성을 인지하지 못하였다.

사고 이후, 오렌지카운티는 내부감사 보고시스템을 설정하고, 투자정책을 수정한다. 소 잃고 외양간을 고치게 된 것이다.

위의 두 사례는 투자상품의 이해 부족, 조직 내부와 외부의 리스크 관리 실패가 큰 원인으로 작용된 사건들이다.

다음은 국내 은행에서 발생한 리스크 관리 실패사례를 알아보자.

◈ 중소기업 울린 KIKO 사태

먼저 2000년대 후반 국내 수출기업에 많이 판매되었다가 큰 손실을 기록한 키코상품 관련이다. 키코KIKO : Knock-IN Knock Out Option는 통화옵션 상품을 통해 490여 개 수출 중소기업이 2008년 말까지 4조 5천억 원대의 손실을 기록한 환위험 헤지 상품이다.

KIKO는 환율변동으로부터 발생 가능한 환위험을 관리하기 위한 수단으로 환율이 일정 범위 안에 있으면 환위험을 헤지 금융자산의 가격변동 위험을 줄이거나 제거하는 것할 수 있도록 설계된 금융상품이다.

예를 들어서, 수출기업이 약정한 환율이 달러당 1천 원 상한선이 1천2백 원 하한선이 9백 원인 경우, 환율이 9백 원에서 1천 원 사이에서 하락하더라도 약정한 1천 원으로 달러를 은행에 팔 수 있다. 환율이 1천백 원으로 오르면 달러당 1천백 원으로 매도한다. 그러나 환율이 상한선을 벗어나 1천4백 원이 되면 약정환율과 실제 환율의 차이의 2배를 은행에 지불해야 하는 구조이다.

수출기업 입장에서는 달러 환율이 약정한 범위 9백~1천2백 원 사이에서 움직이면 환율변동에 따른 위험을 헤지할 수 있다. 그러나 2008년 금융위기 당시 원화의 환율이 달러당 1천5백 원을 상회하면서 큰 폭의 손실이 발생하였다.

출처 : Pixabay

① 환위험 관리상품이 환위험 헤지Hedge, 환율이 오르거나 내리거나 큰 손실
이 발생하지 않도록 처리 수준을 넘어서는 시장예측환율이 하락하거나 일정 구간
안에 유지될 것이라는과 만일의 경우를 대비하지 못한 전략이 기업의 생존
을 위협하는 큰 위험요소로도 작용할 수 있다는 사례가 되고 있다.

수출기업 입장에서는 환율변동 구간을 적정 수준의 변화만 예측
하였는데, 예측범위를 벗어나는 상황에 대한 대비는 없었다는 것,
KIKO 상품을 완벽한 보험상품으로 오인했던 것이 문제였다.

KIKO 상품을 수출입 기업에 판매했던 은행도 환율이 일정 범위를
벗어나지 않을 거라는 예상으로 적극적으로 마케팅을 하였다. 정작
환율이 위험구간에 도달해서 기업은 큰 손실을 보았지만, 은행은 수
수료만 얻었을 뿐, 별도의 손실은 발생하지 않았다. 기업과 은행이 똑
같이 환율을 예상하였는데, 기업만 손실을 입은 것이다.

② KIKO 상품을 은행에서 매입한 기업은 결과적으로 큰 폭의 손실
을 보았으나, 정작 상품을 판매한 은행은 손해배상 또는 상품판매에

대한 책임을 지지 않았다.

오랜 기간 치열한 법정 공방 끝에 법적으로는 은행의 책임이 없는 것으로 결론이 났다. 그러나 "선의의 관리자로서도 책임을 다 했느냐?"라고 물어본다면 은행도 책임이 있다고 생각한다.

2008년 글로벌 금융위기를 예측하기는 쉽지 않았다고 항변할 수 있지만, 환율의 급격한 변동 시 큰 손실이 발생할 수 있는 상품을 안정적이며 수출기업이면 반드시 가입해야 하는 상품 중 하나로 판매한 은행은 도덕적 책임뿐만 아니라 기업에 발생한 치명적인 손실에 대한 지원책은 마련하는 것이 바람직하다고 생각한다.


은행원의 자금 횡령 사건 중 최근의 사례를 살펴보자.

돈, 즉 자금이 상품인 금융기관에서 크고 작은 금전 사고는 때때로 발생한다. ATM이나 CD기 등 현금 입출금 기계를 담당하는 직원이 100장짜리 현금다발에서 한 장 한 장씩 현금을 뽑아내어 개인 용도로 사용하는 경우는 개인의 일탈로 볼 수 있다. 그렇다고 해서 1억원, 10억 원 횡령하는 경우와 달리 처벌이 약한 것은 아니다. 두 경우 모두 은행에서 면직<sup>해고</sup>된다.

비교적 최근의 큰 2개의 횡령사고 사례는 다음과 같다. 아래 내용은 관련 기사를 참고한 것으로 관련 검사와 처리결과는 진행 중이다.

◈ 우리은행 697억 원 횡령사고

우리은행 기업개선부 소속 직원이 2012~2020년간 8차례에 걸쳐 약 697억 원을 횡령한 사건이다.

사고원인으로는 은행의 내부통제 문제로 밝혀졌다.
- 한 직원이 10년 이상 같은 부서에서 같은 업체를 담당
- 통장과 직인도장 관리자가 분리되어 있지 않음
- 외부기관에 파견 간다고 13개월 무단결근해도 사고 사실 파악 못 함

출처 : Pixabay

## ◈ 경남은행 3천억 원대 횡령사고

경남은행 구조화금융부에서 PFProject Financing 담당직원이 15년 동안 17개 PF 사업장에서 총 2,988억 원을 횡령하였다.

사고원인은 위의 우리은행 사례와 유사하다.
- 한 직원이 15년 동안 동일 부서에서 동일한 업무를 함
- 한 직원이 대출 업무와 사후관리 업무를 모두 하여 감사를 못 함
- 은행 자체적인 검사와 사고예방 노력 미흡

위와 같이 잊을만하면 터지는 은행의 큰 사고사례는 다음과 같은 원인이 크다고 생각한다.

- 은행 간 수익경쟁으로 인한 리스크 관리 노력 미흡 : 시중은행은 시중은행끼리, 지방은행은 지방은행 간 서로 누가 더 이익을 많이 내는지로 경영능력을 평가받다 보니, 당장 티가 나지 않는 내부직원 관리와 리스크 관리에는 상대적으로 관심이 소홀한 것이 원인이 됨.

- 업무의 다양성과 복잡성 심화로 정확하고 세심한 관리 어려움 : 과거 예금과 대출 업무만 하던 시대에서 투자상품, 방카슈랑스, PF프로젝트 파이낸싱 등 업무영역이 확대되는 것에 비해 이를 관리하고 감독하는 인력과 자원은 상대적으로 적게 투입함으로써 발생할 수 있는 위험에 많이 노출되게 됨.

위와 같은 사례는 두 은행뿐만 아니라 국내의 다른 은행에서도 유사한 사고가 언제든지 발생할 수 있다.

30년간 은행을 다녔지만, 나도 그 기간 동안 경험한 업무에만 정통하다. 직원 연수, 투자상품, 퇴직연금, PB 업무 등은 자세히 알지만 그 외의 분야는 대충 업무의 구조만 아는 정도다.

어떤 은행직원은 해당 전문분야만 십수 년 하다 보니, 은행의 기본 업무인 예금과 대출상품에 대해서 전혀 알지 못하는 경우도 있으니, 은행 관련 세부적인 업무와 전문적인 상담을 하고자 할 때에는 전체 경력 기간도 봐야겠지만, 그 직원이 해당 업무의 경험이 얼마나 되는지도 확인해야 한다.

은행에서 금융 관련 사고가 발생하면 금융감독원에서 해당 은행의 검사를 하고, 사고원인과 재발 방지를 위한 대책 발표를 하는 것이 일반적인 수순이다.

왜, 사고가 발생하기 전에 방지하는 대책이나 사전 예방 조치를 하지 못하는 것일까?

은행은 경제에 자금을 중개하는 공적 기능을 수행하지만, 이익이 발생해야만 조직을 운영할 수 있는 사기업이다. 따라서 법에 저촉만 되지 않는다면, 가능한 모든 수단을 동원하여 '어떻게 하면 경쟁은행보다 수익을 더 올릴 수 있을까?'에 고민하는 것이 당연하다. 이런 면에서는 일반 기업과 동일하다.

따라서, 은행은 내부 감독과 사고예방보다는 수익성을 많이 창출하는 것이 가장 큰 경영목표이다.

반면 은행을 감독하는 금융감독원은 은행, 증권, 보험 등 금융기관을 관리·감독하는 기관이다. 금융감독원은 정부조직이 아니고 민간조직이지만 법률에 의한 검사권, 금융위원회의 집행 기능을 담당하며 공적 규제 기능을 맡고 있는 공적 법인이다.

금융감독기관 직원 입장에서 보면 업무를 잘 못하면 문책을 받지만, 관리 감독을 잘한다고 해서 티가 나기도 어렵고, 금전적으로 성과급을 받는다든지 하는 인센티브 시스템이 제대로 갖추어져 있지 않기 때문에, 기존에 있는 제도와 시스템으로 금융기관을 감독하는 것이 일반적이다.

금융상품, 제도, 시스템은 시시각각으로 새롭게 변하고 만들어지는데, 이를 통제하고 감독하는 인력의 마인드와 시스템은 이를 따라가기 바쁜 구조이다. 따라서 사전에 이러한 상품, 제도, 시스템을 선제적으로 만들기를 기대하기보다는, 빠르게 따라가서 이를 보완하는 것을 기대하는 것이 합리적인 생각일 것이다.

은행의 횡령사고를 포함하여 크고 작은 금융사고를 예방하고 관리하기 위해서는 제도의 보완이 필요하다. 관련 사고 발생 시 중간 관리자의 경고와 문책이 뒤따르지만, 경영진의 책임을 묻고 경고를 주는 경우는 많지 않다. 그렇다 보니 제도적인 장치와 시스템으로 보완하기 위한 투자는 거의 이루어지지 않는 편이다.

은행의 지점 금고에는 보통 수억 원의 현금이 보관되고 있다. 예전에는 수십억 원의 현금이 있었지만, 요즘에는 현금을 잘 사용하지 않고, 온라인 이체시스템이 잘되어 있기 때문에 굳이 현금을 목돈으로 찾는 경우가 거의 없기 때문이다. 그래서 일정 규모 이상의 현금을 찾는 경우를 더 이상하게 본다. 보이스피싱 등 사고예방 차원에서 왜? 어떤 목적으로 현금을 찾는지 고객에게 물어보고 내용을 기록하게 되어 있다.

은행 지점의 관리자는 매월 또는 불시에 지점 현금의 잔고와 전산의 원장의 일치 여부를 1원 단위까지 확인하여 점검하고 기록에 남긴다. 1원도 틀리면 안 된다. 이렇다 보니, 은행 지점에서 현금 횡령사고는 거의 발생하지 않는다. 지점의 현금을 관리하는 직원이 100장짜리 현금다발에서 1장 정도씩을 몰래 빼내어 쓰는 경우에도, 한 달, 두 달 수시 점검을 하다 보면 다 사실이 드러나게 되어 있다.

은행의 거액 횡령사고 예방을 위해서 다음과 같은 제도와 시스템 보완이 필요하다.

① 은행 **본점 부서에서 큰 금액으로 자금을 관리하는 부서와 담당자에 대한 점검을 월별, 수시로 잔액과 서류를 점검하고 이에 대한 책임소재를 명확히 한다면**, 사고를 사전에 방지할 수 있을 것이다.

② 사고예방을 위해 한 직원이 동일 지점에서 장기간 근무하지 못하도록 하는 지침은 비교적 잘 지켜지고 있음에도 불구하고, 본점의 일부 부서 담당자들은 예외사항을 두어서 사고의 빌미가 되고 있다. **본부 부서도 '동일 업무 장기간 연속 근무 금지'를 예외 없이 시행하는 것이 예방책이 될 것이다.** 그 부서의 그 업무에 꼭 필요한 직원이더라도 3년 이상 근무하면 6개월~1년 정도 기간은 그 직무에서 배제하고 유사 업무 또는 다른 직무를 맡겨서 업무의 폭도 넓히고 사고를 미연에 예방하는 방식이 필요하다.

출처 : Pixabay

③ 고객의 소중한 돈으로 운영되는 **은행에서 큰 사고가 발생하면 경영진에게 중대 책임을 묻거나 재임용 금지와 같은 강력한 벌칙을 부과**하면, 은행의 인력과 자원이 이를 예방하고 방지하는 데 우선적으로 쓰일 것이다. 이 원칙이 강력하게 시행되면, 경영진이 직원의 금융사고에 강력한 메시지를 지속적으로 전달하고, 제도와 시스템을 정비하여 새로 만들고 모니터링하게 된다. **경영진의 이러한 관심은 발생하는 사고와 횟수를 현저히 줄일 수 있을 것이다.**

④ 은행을 거래하는 고객의 메시지도 중요하다.

직원의 대규모 횡령, 운영의 부실로 인한 큰 손실 등이 발생하는 은행은 고객들이 거래 규모를 줄이거나 상당 기간 발길을 끊어버림으로써 강력한 메시지를 전달해야 한다.

이러나, 저러나 계속 규모를 유지하고, 평소와 다름없는 거래를 한다면, 그 은행이 시스템이나 제도를 개선하고자 할까? 강력한 메시지는 거래 규모를 줄이거나 그 은행을 외면하는 것이다. 그리고 제도의 개선이나 직원들의 자세 등 변하는 것이 확인되면 다시 거래를 재개하면 된다.

정부 당국의 이러저러한 조치보다도, 고객의 발길이 끊기고 거래 규모가 확 줄어드는 것이 그 은행이 변해야 하는 강력한 동기를 만들 수 있는 것이다.

우리나라 은행의 건전한 발전과 시스템 개선이 결과적으로 이들 은
행을 거래하는 고객, 투자자에게도 도움이 된다. 업무처리의 불만은
이야기하면서, 크게 발생하는 시스템 사고와 횡령사고에 대한 메시지
를 전달하지 않으면 그 은행은 쉽게 바뀌지 않는다.

# '빅쇼트'와
# '국가부도의 날'

## 잊을만하면 나타나는
## 금융위기

최근 몇 년은 지속적으로 올라가는 물가를 잡기 위해 전 세계 정부가 기준금리를 가파르게 올렸고, 돈의 흐름이 원활하지 않다 보니 경기회복도 더디게 움직이고 있다.

은행생활 30년 중, 많은 경제 이벤트와 사건들을 접했지만, 그중 가장 기억에 남는 것은 1997년 IMF 금융위기, 2008년 글로벌 금융위기, 그리고 2020년 초반부터 발생한 사모펀드 부실사태이다.

1993년 은행생활을 처음 시작하고 몇 년 지나지 않아, IMF 금융위기가 발생하였다. 여러 사회적 제도와 변화가 크게 나타났지만, 은행원의 눈에 비친 변화를 이야기해 보면 다음과 같다.

대규모 명예퇴직이 시행되었다. 지금은 시중은행에서 매년 연례행사처럼 명예퇴직을 시행한다. 시스템 개선과 IT 발전으로 인원이 많이 필요 없으니, 기존 퇴직금에 남은 근무 기간을 가산하여 목돈을 주면서 조기퇴직을 유도하는 것이다.

그때와 지금, 틀린 것은 1997년에는 퇴직 대상자를 정하고 연락을 하여, 반강제적으로 퇴직을 유도하였다. 특히 부부가 같이 은행에 재직하고 있으면, 한 명은 퇴직할 것을 권고받았다. 반면 지금은 명예퇴직금을 더 주면서 조기퇴직을 유도하지만, 조직에 남아 있다고 해서 별도의 큰 불이익은 주어지지 않는다.

IMF 전, 거의 모든 시중은행은 건물 1층에 위치하고 있었다. 그리고 상당수 지점이 자가 건물<sup>은행 소유의 건물</sup>로 유지되었다. 보통 2개 층을 사용하였고 20~50여 명의 직원이 근무하였다. 은행 지점과 관련된 거의 모든 사람이 정규 직원이었다. 건물을 관리하는 냉·난방 기사, 청원경찰, 업무용 차량 기사 이 모든 사람들이 은행소속 직원들로 살갑게 잘 지내고 있었다.

출처 : Pixabay

IMF 사태 이후, 은행의 업무직원을 제외하고 다른 파트의 담당직원
은 별도의 회사로 분리되거나, 용역 계약직으로 신분이 전환되었다.

가장 크게 달라진 것은, 그전까지는 어느 누구도 중대한 사고를 일
으키지 않는다면, 정년퇴직을 맞았는데, 이제는 누구의 잘잘못이 없
어도 직원의 일정 비율이 은행 문을 나서야 한다는 것이다.

지금은 매년 정례적으로 은행의 명예퇴직이 이루어지는데, 정해진
기본 퇴직금 외에 정년까지 남아 있는 기간에 일정 비율을 더해서 명
예퇴직금으로 지급하고 조기퇴직을 권유하고 있다.

예전에 비해 꼭 사람의 전문적인 역할이 필요한 PB, RM 등의 보직
이 아니면 IT의 발달로 사람의 역할은 점점 줄어들고 있기 때문이다.
앞으로는 경기상황 및 은행의 재정상황에 따라서 명예퇴직금 없이 퇴
직이 이루어질 수도 있기에, 은퇴가 얼마 남지 않은 고참 직원들은 매

년 연말, 연초가 되면 은퇴결정에 대한 고민이 깊어지고 있다.

나의 경우도 은행에 들어온 지 몇 년 되지 않은 상황에서 IMF 금융위기를 맞아, 지금 퇴직하면 퇴직금에 얼마만큼 더 얹어 줄 테니 의향이 있는지에 대한 메일을 받아보았고, 그 당시 상당히 당황스러웠다. 지금도 그 기록을 보관하고 있다.

나라의 곳간이 확 비워졌다. 그곳에 충분히 있어야 할 쌀, 즉 달러 보유고가 급격하게 줄어든 것이다. 노랑머리 외국인 투자자 입장에서 봤을 때, 태국에서 발발한 외환위기는 한국이라고 특별하게 대우할 생각이 없었던 것이다. 여러 가지 원인이 있고, 어떻게 상황을 바라보는 것이 합리적인지는 다음 장에서 자세히 다뤄보겠다.

갑자기 하늘에서 포탄이 떨어져서 폭격을 받은 것처럼, 경제는 한순간에 난장판이 되었다. 바로 직전까지도 정부나 경제전문가도 우리 경제는 잘 나가고 있었다고 하고, 선진국의 문턱에 거의 다다른 시기라고 한결같이 이야기했는데…

영문도 모르고, 국민들은 너나없이 집에 있는 금붙이들을 가져와서 내다 팔았다. '금 모으기 운동' 지금 생각하면 그것이 경제를 회복하는 데 얼마만큼 도움이 되었을까? 하는 의문도 들지만, 경제상황이 예상보다 상당히 심각하구나! 하는 인식을 국민에게 심어주는 계기였던 것만큼은 확실하다고 생각한다.

'대마불사'라고 여겨졌던 30대 그룹에 속했던 기업 중에 대우를 비롯한 상당한 숫자의 기업들이 부도가 나면서, '어느 기업도 안전할 수 없구나' 하는 경각심을 가지게 되었다. 대규모 실업, 대량의 부동산 매각, 금융 불안 등이 일어나고, IMF의 구제금융 이후에 우리나라 경제는 뼈를 깎는 구조조정이 실행되었다.

'국가부도의 날'이라는 영화를 보면 당시의 위기가 발생한 원인을 정책당국자의 실책과 일부 부도덕한 경제인 때문인 것으로 보는데, '1997년 외환위기는 아시아 전체에 일어난 대형 금융사태'로 보는 것이 외부에서 보는 객관적인 시각이다.

1997년 여름 태국부터 시작해서 말레이시아, 인도네시아 등의 동남아시아 국가부터 번진 외환위기는 그해 여름 한국을 연쇄적으로 강타했다. 직접적인 경제위기까지는 아니었던 중국과 일본도 적지 않은 영향을 받았다. 외국에서는 이 사태를 총체적으로 아시아 금융위기Asian Finacial Crisis라고 칭한다.

2008년 추석 연휴를 마치고 출근하는데, 속보가 뜬다. 미국의 투자은행인 리만브라더스가 파산신청을 하였고, 이로 인해 글로벌 경제가 얼어붙고 있다는 것이다. 2007~2008년 세계 경제의 호황으로 내가 맡고 있던 은행의 펀드 판매는 급신장을 하고 있었고, 별다른 위기징후에 대한 뉴스를 접하지 않은 상태여서, 더욱 충격적인 뉴스였다.

그 후로, 투자상품인 펀드를 판매 관장하는 본부 부서의 책임자였던 나는 몇 달 동안 주말에도 출근하면서, 주식시장 급락의 여파로 손실이 크게 발생한 펀드 가입자들에 대한 대책과 민원처리에 많은 노력을 기울였다.

펀드분야만 보자면 2000년대 초반에 은행적금과 유사한 방식인 적립식 펀드로 펀드상품 저변을 은행에서 넓혀왔고, 2005~2006년은 국내외 할 것 없이 경제호황으로 전체 펀드의 수익률이 좋았다. 특히 중국에 투자하는 펀드는 연 수익률이 50% 내외에 육박해서, 너나없이 은행 창구에 줄을 서서 가입할 정도였다.

2005~2006년 카이스트 금융전문대학원에서 MBA과정을 마치고 2007년 초에 은행에 복귀해 보니, 펀드시장은 너무 과열되었고, 상품 내용이나 위험도는 보지 않고, 지인들이 가입하여 많은 수익을 올린 펀드<sub>중국펀드가 1등이었음</sub>를 가입하려고 줄을 서는 상황까지 이르렀다.

나는 과열된 펀드 판매에 대해 펀드 가입 시 본인의 투자성향과 자산상황을 감안하여 포트폴리오 분산을 고려하여 가입할 것을 전국 지점에 공문으로 내려보냈다. 그러나 리만브라더스 사건이 발생할 때까지 이러한 펀드 광풍은 식을 줄 몰랐다.

그나마 다행인 것은 이미 우리나라 국민들은 IMF 사태로 인하여, 매우 고통스러운 과정을 거쳐 왔고, 기업들도 구조조정과 경영합리화

정책을 통한 노력을 해왔기에 경제적으로나 심리적으로 받아들이는 것은 IMF 위기 때보다는 확실히 충격이 적었다는 것이다.

그럼에도 불구하고, 미국의 서브프라임 모기지 사태로 인하여 세계 경제가 연쇄적으로 얼어붙는 영향은 우리나라 경제를 곧장 힘든 상태로 만들어버렸다.

2008년의 금융위기는 미국 부동산 버블 붕괴와 이에 따른 모기지론의 부실화, 그리고 증권화가 결합되어 발생했다. 은행에서 부동산담보대출을 하게 되면 대출의 만기까지 자금은 묶여 있게 된다. 그런데 이 부동산 대출을 담보로 채권을 만들어서<sup>증권화</sup> 매각하게 되면, 매각자금만큼 다시 대출재원으로 활용할 수 있는 것이다.

그러나 2007년 9월 이후 부동산 버블이 붕괴되면서 서브프라임 모기지 사태가 일어났다. 그리고 2008년 9월 세계에서 네 번째로 큰 투자은행인 리먼브라더스가 파산하였다. 그리고 나서 미국 등 글로벌 증시와 채권가격은 폭락하였고 유수의 금융회사들이 하나둘씩 도미노 형태로 무너졌다. 그렇게 글로벌 금융위기는 시작되었다.

국내시장은 미국만큼의 큰 충격은 없었지만, 주식시장이 동반 하락하였고, 해외주식시장에 투자한 해외펀드들은 큰 손실을 기록하게 되었다. 2006~2007년 폭발적으로 늘어난 해외펀드 투자금액은 짧은 시간 내에 엄청난 수익률을 투자자에게 안겨주었다.

그러나 비교적 적은 돈을 투자하여 많은 수익을 올린 데 비하여, 2008년 글로벌 금융위기가 발발하기 전 1년 내에 가입한 투자자들은 유동성에 있는 자금, 부동산 매각 자금 등을 모아서 큰 목돈을 투자하였고 역사적 고점에 가입하여 주식시장 폭락으로 상당 기간<sup>경우에 따라서 10년 이상</sup> 원금의 절반 이하 수준의 평가금액으로 고생하였다.

주식시장에서만 대박을 기대하던 투자자들이 펀드투자에서도 엄청난 수익률을 경험했던 것이, '펀드투자하면 대박이야' 하면서, 해외펀드면 묻지도 따지지도 않고 목돈을 투자하였고, 큰 폭의 손실로 인한 고통은 오랜 기간 따라다녔다.

'산이 높으면 골도 깊다'는 경제상식이 있지만, 시장이 과열될 때에는 아무로 이런 문장에 관심을 기울이지 않는다. 이번에도 이 격언은 고통스럽게도 예외 없이 바로 적용되었다.

2019~2021년까지 만 3년 동안 서울 한복판 광화문에 있는 PB센터에서 고액 자산가들의 자산을 관리하는 PB팀장으로 근무하였다. 사무실의 위치가 25층에 있고, 월 임대료가 1억 원에 육박하는 비싼 곳에 자리 잡고 있었다.

이러한 은행 PB센터에서 PB팀장이 싫어하는 상품 중의 하나는 은행 정기예금이다. 다른 여러 기업과 마찬가지로, 은행도 금융상품을 팔아서 판매수수료 등으로 이익을 만드는 비율이 확대되고 있다.

그런데 은행에서 판매하는 여러 금융 상품 중 은행 정기예금은 매우 안전한 상품 중의 하나지만, 상대적으로 싼 수수료를 지급하기 때문에 이를 판매하는 PB팀장 입장에서는 달갑지 않은 상품인 것이다.

반면, 펀드나 신탁 등 원금이 법적으로 보장되지 않는 상품들은 고수익을 기대할 수 있고, 판매수수료도 정기예금 대비 3~10배의 수수료를 받을 수 있다.

그리고 손실의 위험도 같이 가져가야만 한다. 이것은 매우 중요한 포인트이다.

수익이 좋은 상품을 고객에게 판매하고 또 거기에 많은 수수료도 얻을 수 있으니 얼마나 좋은가? 그러나 발생할 수 있는 위험, 기대하는 수익률이 나오지 못할 위험뿐만 아니라, 원금을 까먹을 수 있는 위험도 있는데, 종종 이를 간과하거나 축소하여 판매하는 것이 문제인 것이다.

원금손실이 가능한 상품에 대해 위험과 손실 가능성 부분을 강조하고 세세하게 설명한다면, 1억 원 이상 고액을 투자하는 투자자는 선뜻 가입을 하기 꺼려할 것이다. 따라서 예상되는 기대수익에 비하여 위험 부분을 상세하고 시간을 들여 꼼꼼하게 설명하는 경우는 많지 않다.

PB센터에서는 일반 은행 지점에 비해서 사모펀드를 주력으로 판매한다. 사모펀드란 가입자 49인 미만으로 모집을 하고, 개별 투자자가 1억 원 이상으로 투자하여 1~5년 정도의 약정기간을 정하고, 기간 만료 시 원금과 투자수익을 같이 받는 구조가 일반적인 상품을 말한다.

시장상황이 좋고 경기가 우상향 곡선을 그릴 때에는 어떤 구조의 상품을 만들고 판매해도 원금 플러스 고수익을 얻을 수 있다. 그런데 시장이 침체되고, 경기가 나빠지면 원래 주기로 한 이익뿐만 아니라 원금까지도 제때 받기 어렵고, 더 나쁜 경우는 관련 상품에 문제가 발생하여 원금 전체를 못 받는 경우도 발생할 수 있다.

사모펀드는 통상 300억 원, 500억 원 등 일정 규모 이상의 자금을 모집식으로 일정 기간 모아서 배당수익 또는 만기에 수익을 원금과 같이 돌려주는 구조이다. 투자자의 숫자도 49인 미만으로 제한되지만, 최소 가입금액도 보통 1억 원 이상이어서 목돈투자에 대한 리스크가 큰 구조이다.

그렇다면, 은행은 이러한 구조의 상품을 판매하려고 할 때, 좀 더 안정적인 구조의 상품을 소개하고, 상품판매 시에도 그 상품의 장점뿐만 아니라 단점 및 위험성에 대해서도 같은 무게로 설명해야 한다.

문제는 사모펀드의 판매과정과 은행의 평가제도에 있다. 내가 몸담 았던 은행의 경우 전국에 있는 PB팀장의 숫자는 2백여 명 이상이 되 는데, 한 번에 판매하여 가입할 수 있는 가입자 수는 49인으로 제한 되어 있어서 늘 상품판매에 경쟁이 발생한다. 여기에다 직원을 평가하 는 점수에서 판매수수료가 큰 비중을 차지한다. 따라서 모든 PB팀장 은 사모펀드상품이 나올 때마다 늘 경쟁적으로 판매할 수밖에 없는 구조이다.

어렵게 본점에서 사모펀드상품에 대한 판매한도를 받아왔는데, 고객 에게 몇십 페이지가 되는 어려운 구조의 상품을 장점과 단점, 위험성에 대하여 모두 자세히 설명한다면 상당수는 가입을 꺼려할 수 있다.

그래서 판매를 꼭 해야 하는 입장에서는 '간략하게 상품의 장점과 고수익을 강조하고 반대로 단점은 축소하고 상황이 나빠지더라도 원 금 수준은 보장되지 않을까?' 하는 뉘앙스로 설명을 하게 되는 유혹

이 생긴다.

2019부터 나쁜 조짐이 보이더니 만기가 돌아오는 사모펀드 중 원금을 못 주는 상품들이 하나둘씩 늘어나고, 해결할 수 있는 방안도 딱히 없어서 목돈을 투자한 투자자들은 상품을 운용하는 자산운용사보다 판매한 은행에 원금 및 수익에 대한 민원을 제기하기에 이르렀다.

판매상품 중에는 문제가 발생할 경우 보험사에서 원금을 보장해 준다는 조건이 있는 상품도 있었지만, 문제가 발생하니까 보험사에서는 약관에 있는 면책조항을 확대 해석하여 현재까지 보험사에서 지급된 사례는 없다.

앞으로도 투자상품판매, 특히 사모펀드상품도 계속해서 판매가 될 텐데 판매 금융기관은 **상품 선정기준을 강화하고 상품의 최대 손실한도를 명확하게 설명**하며, 이를 판매하는 **판매자의 평가 기준을 단순히 판매실적뿐만 아니라, 완전판매, 포트폴리오 구성 비율, 전체 잔액유지 및 증가 비율 등 다양한 기준으로 변경해야** 반복되는 사모펀드 관련 사고사례 숫자를 줄일 수 있을 것이다.

## '빅쇼트'와
## 글로벌 금융위기

지속적으로 올라가는 물가를 잡기 위해 기준금리는 가파르게 올라가고, 경기는 언제 회복될지 가늠하기 어렵다. 예전에도 그랬지만 금리의 상승은 언젠가 멈출 것이고 언제 그랬냐는 듯이 침체된 경제를 회복시키기 위해 정부는 금리를 낮추고 재정부양책을 쏟아낼 것이다.

늘 그래왔다. 주기적으로 경기는 활황과 침체를 반복하고, 그 와중에 언제나 금융위기는 찾아왔다. '어떻게 하면 금융위기와 경기침체를 막을 수 있을 것인가?'의 논의는 무의미하다. 왜냐고? 그것은 막을 수 없기 때문이다.

각양각색의 사람으로 구성된 국가, 그러한 국가가 서로 어우러져 경쟁하는 글로벌 경제는 서로의 이익이 첨예하게 맞서고 있기 때문에 한쪽으로 의견을 모으기는 불가능하다. 우리가 속한 동호회, 동창회 모임의 소규모 커뮤니티부터, 회사, 지방자치단체, 정부에 이르기까지 의견을 한데 모으는 것은 쉽지 않다. 저마다의 입장이 다 다르기 때문이다.

한 나라의 나쁜 뉴스가 옆 나라 또는 전 세계에 파장을 미치기도 하지만, 한 나라의 이익이 다른 나라에게는 손실이 될 수 있다. 따라서 물리적으로 막을 수 없는 금융위기와 경기침체를 '얼마나 빠른 시기에, 효과적인 방법으로 단기간에 극복해 낼 것인가?'에 포커스를 맞추어야 할 것이다.

미국과 한국에서 발생한 대규모 금융위기 사건을 영화화한 2건의 사례를 비교해 보고, '어떻게 객관적으로 사건을 인식할 것인가?, 그리고 거기서 배울 교훈은 무엇인가?'에 대해 알아보자.

먼저 2008년의 글로벌 금융위기를 촉발한 미국의 서브프라임 모기지 사태를 다룬 '빅쇼트'에 대해서 알아보겠다.

2015년 개봉된 이 영화는 서브프라임 모기지 붕괴 직전 미국 사회와 금융시장 책임자들을 고발하는 성격의 영화로, 영화 중 복잡하고 생소한 경제용어와 파생상품 거래가 나온다. 대학원에서 금융공학MBA를 취득한 나로서도 '어디서 들어본 용어인데', 하고 다시 책을 찾아볼 정도이다.

2010년 국내에서 책으로 먼저 나왔으나 현재 절판되어 중고로만 구할 수 있고 전자책은 구입 가능, 영화로는 만날 수 있다.

영화 중간중간에 유명인이 나와 어려운 용어를 예를 들어 쉽게 표현하려고 하지만, 일반인이 바로 이해하기에는 어려울 수 있다는 생각을 했다. 기본적인 용어와 설명은 다음과 같다.

**ABS**Asset Backed Securities, **자산담보부증권**
: 자산을 담보로 증권을 만들어서 시장에 유통하면, 담보를 보유한 금융기관은 자금을 확보하여 대출재원으로 다시 활용할 수 있다.

**MBS**Mortgage Backed Securities, **주택저당증권**
: ABS 종류 중 주택을 담보로 발행한 증권이다. 담보가 주택이므로 비교적 안전한 증권으로 분류되어 유통이 잘된다.

**CDO**Collateralized Debt Obligation, **부채담보부증권**
: 여러 개의 주택저당증권을 묶어 만든 신용파생상품의 일종으로 단일 신용등급을 부여받지만, 내부에 구체적으로 어떤 신용상태의 담보물들이 있는지 파악하기 어렵다.

**CDS**Credit Default Swap, **신용부도스왑**
: 기업 또는 상품의 부도위험만을 따로 분리하여 사고팔 수 있는 신용파생상품 거래이다. 일정 수수료를 내는 쪽은 보유한 자산<sup>기업</sup>에 대한 파산 시 원금을 받지만, 보장해 주는 금융기관은 전체 원금을 보장해야 하는 구조이다.

**Long : 금융상품을 사는 것, Buy**
**Short : 금융상품을 파는 것, Sell**

우리가 교과서에서 배우는 서브프라임 모기지의 원인은 다음과 같다.


- 금융기관의 무리한 영업 <sup>대출</sup>
- 부동산시장의 과열
- 금융상품의 복잡성
- 감독기관의 부실한 관리


내가 『Big Short』 책을 읽어보고 인상 깊게 생각하는 문구는 다음과 같다.


> 월가 회사들은 끊임없이 작동하는 장치들이 숨겨져 있는 거대한 블랙박스와 같았다.
>
> 초창기 서브프라임 금융가들은 장부에 기록한 소량의 대출 때문에 파멸했다. 이 사태로 시장은 상환능력이 없는 사람들에게 대출을 해주지 말라는 간단한 교훈을 얻을 수도 있었다. 그런데 **간단한 교훈을 제쳐두고 복잡한 교훈을 터득하는 방법을 선택했다. 계속 대출을 확대하되 장부에 기록하지 말라는 것이었다.**
>
> **월가는 일단 팔고 나면, 그 후에는 어떻게 되든 신경도 쓰지 않는다는** 교훈을 얻었죠.
>
> 주식차트와 그래프, 자기선전에 열을 올리는 시장 옹호자들의 끝없는 주장에 아무런 논리가 없음을 알아차렸다.
>
> 신용평가기관을 맹신하고 있어요. 그 기관들의 규정을 준수하죠.

이 사태의 원인을 거슬러 올라가 보자.

증권시장에 우리가 알고 있는 기본적인 상품이 있다. 직접투자상품인 주식, 채권, 이를 모아서 펀드매니저가 대신 투자해 주는 간접투자상품인 펀드가 있다. 또 주식, 채권 등의 기본상품을 엮고 한 번 두번 비틀어서 만든 파생상품Derivative Product이 있다.

영화 '빅쇼트'의 포스터

여기서 주식, 채권 같은 전통적인 금융상품은 최악의 경우 투자원금까지만 잃을 수 있지만, 이를 기초자산으로 하여 새로운 현금흐름을 만드는 선물, 옵션, 스왑 같은 파생상품은 투자원금뿐만 아니라 그 이상의 손실도 가능하다. 물론 전통적 금융상품 대비 레버리지가 높아 이익 규모도 상대적으로 크게 발생한다. 2008년 금융위기를 촉발한 투자상품들도 파생상품에 속한다.

고객의 돈을 예금으로 모아서 필요한 가계, 기업에 빌려주는 것 즉 대출이 은행의 고유 업무이다. 예금과 대출이자의 차이, 예대마진이 은행의 가장 기본적인 수익원이다. 그런데, 예금은 단기, 대출은 장기로 이루어지고, 매달 이자는 받더라도 대출원금은 1~10년 이상 장기로 받다 보니, 자금의 활용에 애로사항이 발생한다.

한 은행에 대출이 1천억 원 있는데, 이 대출의 만기가 10년이면 이 은행은 10년 동안 1천억 원의 자금이 묶이게 된다. 그런데 이 대출채권을 담보로 증권을 만들고 이를 판매하게 되면, 판매액만큼 대출재원으로 활용할 수 있게 된다. 1천억 원 담보로 증권을 900억 원 판매한다면, 그 대금이 대출재원으로 활용하게 되어, 이자 수입을 크게 올릴 수 있다.

증권을 통한 신용확대Extension Of Credit By Instrument란 방식으로 장기대출을 보유한 은행은 새로운 대출재원을 마련할 수 있게 되었다. 이것이 자산을 담보로 증권을 만들어 유동화하는 것이다. 위의 ABSAsset Backed Securities를 말하고, 이 자산이 주택이면 MBSMortgage Backed Securities가 된다. 이러한 MBS를 매입하려고 하는 투자자는 당연히 신용등급이 높은 MBS를 원한다.

### ◈ ABS, MBS, CDO, CRS

은행은 모기지 론부동산담보대출을 한 뒤 동일한 만기와 위험을 가진 대출을 모아 자산유동화증권ABS: Asset Backed Securities의 형태로 발행한다. 이렇게 발행된 채권은 금융시장에서 투자자들을 통해 판매된다. ABS의 종류 중 부동산담보로 발행된 채권이 MBSMortgage Backed Securities이다.

그러나 이렇게 단순한 구조의 상품만 판매했다면, 이를 매입하는 투자자도 위험도를 비교적 쉽게 판단할 수 있었을 것이다. 하지만 여러 개의 신용도가 다른 MBS를 묶어 복합적으로 만들고CDO : Collatralized Debt Obligation 비교적 좋은 신용등급을 부여해서 판매를 하고 수수료를 획득하는 데 투자은행들은 심혈을 기울였다.

이렇게 복잡하고 이해하기 어려운 구조의 파생상품인 CDO에 대해 일반 투자자들은 신용평가회사에서 부여한 신용등급을 마치 공적이고 법적으로 인정된 등급으로 오해하고 아무런 걱정 없이 매입을 하였다.

그러나 S&P나 Moodys도 하나의 사기업이고 세일즈를 많이 해야 돈을 버는 구조여서, 정확하게 나쁜 신용등급을 줘야 하는 상품도 경쟁적으로 좋은 등급을 부여하였다.

여기에다 CDO 상품 중 후순위 CDO<sup>현금지급 순위가 낮은 대신 높은 수익률</sup>
이 보장되는 증권의 위험성을 줄이기 위해 CDS<sup>Credit Default Swap, 부도가 나면</sup>
<sup>상품가액을 보장해 주고, 매월 보험료로 수수료를 받는 구조의 상품</sup>상품이 만들어져
금융기관은 돈을 또 벌었다.

투자상품의 신용등급은 아래와 같이 분류되고, 투자등급은 BBB
이상 등급을 말하지만, 통상 AA 이상 등급을 투자하는 것이 일반적
이다.

신용평가회사별로 등급표시가 다소 상이하지만 A~D 등급별로 구분하는 형태는 유사하다.

| 신용등급 | 내용 |
|---|---|
| AAA | 원리금(원금과 이자) 상환가능성이 최고 수준이다. |
| AA | 원리금 상환가능성이 매우 높지만, AAA 등급에 비해 다소 열위한 면이 있다. |
| A | 원리금 상환가능성이 높지만, AA 등급에 비해 경제여건 및 환경변화에 따라 영향을 받기 쉬운 면이 있다. |
| BBB | 원리금 상환가능성이 일정수준 인정되지만, A 등급에 비해 경제여건 및 환경변화에 따라 저하될 가능성이 있다. |
| BB | 원리금 상환 가능성에 불확실성이 내포되어 있어 투기적 요소를 갖고 있다. |
| B | 원리금 상환 가능성에 대한 불확실성이 상당하여 BB 등급에 비해 투기적 요소가 크다. |
| CCC | 채무불이행의 위험수준이 높고 원리금 상환가능성이 희박하다. |
| CC | 채무불이행의 위험수준이 매우 높고 원리금 상환가능성이 희박하다. |
| C | 채무불이행의 위험수준이 극히 높고 원리금 상환가능성이 없다. |
| D | 상환 불능상태이다. |

출처 : 한국신용평가의 채권 신용등급 기준

치명적인 사고가 발생한 내용을 다시 차례대로 살펴보면 다음과 같다.

은행은 MBS 판매에 만족하지 않고, 신용도가 높은 MBS가 소진되어 더 이상 자금을 확보하기 어려워진 은행은 한 단계 더 나간다. 기존의 MBS를 여러 등급의 MBS를 묶어서 AAA, AA~BBB, BB 등 겉으로는 A 등급 이상의 MBS처럼 보이게 만들어서 판매한다. 이것이 CDO Collateralized Debt Obligation 이다.

이렇게 여러 신용등급의 MBS를 섞어서 만든 CDO가 좋은 신용등급으로 포장되어 판매되니까, 기존에 MBS를 매입해서 좋은 성과를 경험한 개인과 기업은 아무 걱정 없이 CDO를 사게 된다. 물론 여기에는 무디스나 S&P에서 채권 자체의 실질적인 위험도보다는 수수료를 올리기 위해서 경쟁적으로 심사 대상 모든 증권에 좋은 등급을 부여한 것도 중요한 원인이 되었다.

이러한 상황은 주택가격이 계속 올라만 주는 것을 전제로 했기 때문에, 결국 주택가격의 이례적인 상승세만 멈춰도 상당수의 미국인들은 대출금을 갚지 못할 것이 분명했다.

여기에 또 하나의 기름을 부은 것이 바로 CDS<sup>Credit Default Swap</sup>이다. CDS는 CDO에서 위험을 따로 떼어 내어 상품화한 파생상품이다. CDO로 인해 손실이 발생하면 그만큼 투자자에게 손실액을 보장해 주는 상품이다. 손실액을 보장받는 대신 CDO를 매입하는 쪽은 매달 상당액의 보험료를 지급하는 것이다.

CDO에 위험이 발생하지 않는다면 이를 판매한 투자은행들은 거액의 수수료만 남는 것이고, 이를 매입한 쪽은 반대로 지급한 수수료를 날리게 된다. 반대로 CDO가 망가지면 위험 보장자인 투자은행은 보장한 만큼을 CDS 매입자에게 지급해야만 한다.

주택시장이 계속 활황이었기에 투자은행들은 CDS 판매에만 열을 올렸다. **하지만 마냥 집값이 오를 수는 없는 법이다.** 2007년 집값이 정점에 오르자, 사람들은 더 이상 구매를 하지 않게 되었고, 미친 듯이 커지던 부동산 버블이 꺼지기 시작했다.

대출을 갚을 능력이 없는 사람에게 취해진 서브프라임 모기지는 붕괴되었다. 빈집이 넘쳐나고 집값은 더욱 가파르게 떨어진다. MBS, CDO에 투자했던 개인, 기업들은 막대한 손실을 입게 되었다. CDS를 판매했던 투자은행들은 가지고 있던 자산, 자본을 다 투입하여도 이를 메꿀 수 없어서 도산을 하거나 정부에 구제신청을 하게 된다.

시장경제라는 명목 아래에 좌시하고 있던 미국 정부는 AIG에 800억 달러를 투입하면서 회생의 불씨를 살리고자 했다. 그러나 세계 4위의 투자은행이었던 리먼브라더스가 부도처리 되면서 시장은 냉혹한 현실을 직시하게 되었다.

거대하고 무너지지 않을 것 같던 리먼브라더스의 부도를 시작으로 미국의 경제는 급속도로 무너졌다. 그리고 이 여파는 유럽, 아시아를 비롯해 전 세계로 퍼져나갔다.

여기서 이 영화의 교훈을 알아보자. 이 영화의 마지막에 언급한 대본이다.

- 모기지 채권이 무너짐과 동시에 많은 회사들이 우르르 무너지기 시작했습니다. 몇 년 뒤면 국민은 경제위기 때마다 하던 짓을 반복할 거야. 이민자와 빈곤층을 탓하겠지. 이 사건 이후 은행들은 국민의 혈세를 받아 보너스를 두둑이 챙겼고 로비를 통해 개혁을 중단시켰으며 이민자와 빈곤층 그리고 교사까지 탓했습니다.

- 이 상황이 수습되기까지 연금기금, 부동산 가치, 퇴직금, 예금, 채권 등 5조

달러가 증발했으며, 8백만 명이 일자리를 잃고 6백만 명이 집을 잃었습니다.

- 귀를 막은 마이클, 입을 막은 벤, 눈을 가린 S&P입니다. 투자자들의 압박을 이겨내기 위해 귀를 막아야만 했던 마이클, 자본주의에 질려 많은 것을 알고 있음에도 말하지 않고 침묵했던 벤, 모든 것을 봤음에도 보지 못한 척 눈을 가린 S&P 직원, 우리가 맹신하고 있는 이 시스템이란 것은 우리가 제대로 된 선택을 할 수 없게끔 우리의 귀에 불안을 속삭이고 많은 것을 알고 있음에도 입을 닫고 있으며 봤음에도 보지 못한 척 눈을 가리고 있습니다.

- 이들의 입을 열게 하고 눈을 뜨게 하려면 우리는 마크 버움처럼 그들의 허를 찌를 수 있어야 하고 마이클처럼 내 선택을 방해하는 잡음을 단호하게 차단할 수 있어야 합니다. 그러기 위해서는 사람들이 생각하기 싫어하는 나쁜 가능성과 외면하고 싶어 하는 진실을 마주할 용기가 있어야겠죠!

우리가 살아가는 자본주의 시스템에는 법적인 시스템과 제도, 그 안에서 판매되는 금융상품들이 있다. 사금융, 유사 수신행위, 피라미드 조직 등에 의한 폐해가 심심찮게 뉴스에 보도되는데, 이렇게 제도권 밖에서 피해를 주는 경우 외에도 법적, 제도적으로는 아무런 문제가 없는 상품과 시스템 안에서도 국민들에게 막대한 피해를 주는 경우가 발생한다.

법이나 제도는 항상 사고가 발생한 뒤에 수습하고 수정되고 보완되기 때문에 매번 "소 잃고 외양간 고친다"의 형태가 된다. **자유경제, 자본주의 시스템은 공정한 경쟁을 유도하는 것이 기본이라서 법적으로 문제만 없고 사회적으로 큰 문제나 피해가 발생하기 전까지는 그냥 지켜본다. 그리고 그동안에는 다른 곳에 문제가 터진 곳을 수습하는 데 주력한다.**

따라서 단체나 기업, 조직이 아닌 순수한 개인은 다음을 명심해야 한다.

- 나만 바르게 행동한다면, 사회시스템이나 정부가 큰 문제는 해결해 주겠지 하는 생각을 버린다.
- 금융기관에서 판매하는 상품, 직원의 말을 100% 신뢰하지 마라.
- 아무도 나를 지켜주지 않는다. 사회도, 정부도, 그 누구도.

내가 법과 제도를 지키고, 사회시스템 속에서 올바르게 행동한다고 해서, 사회에서, 경제체제에서 발생하는 큰 사고의 피해를 예방할 수 없다. 항상 예기치 못한 사고나 발생하는 문제에 대해서 대처하기 위한 자금이나 행동, 그리고 대비하는 마음자세를 지니고 있어야 한다.

**오래되고 명망 있는 금융기관에서 판매하는 상품은 법적으로 문제가 없다. 그렇다고 해서 그 상품이 안전하고, 문제가 발생할 때 책임진다는 것은 아니다.** 금융회사 직원은 당신을 발생할 문제에서 보호하는 것보다 한 푼의 수수료라도 더 얻을 수 있는 대상으로 생각하는 경우가 더 많다.

금융위기, 경기침체가 발생할 때, 정부가 각 개인을 지켜줄 수 있을까? 가족과 친척이, 사회보장제도가? 그렇지 않다. 모든 주체가 자기의 생존과 조직유지에 관심이 있을 뿐이다.

**내가 스스로 지키고 대비하고 공부하고 준비하여야 한다. 세상의 그 누구도 나를 도와주지 않는다. 이것이 팩트다.**


## '국가부도의 날'과
## 관점 차이

'국가부도의 날'은 2018년에 개봉한 영화로 1997년 외환위기를 배경으로 한다. 국가부도 위기를 일주일 앞두고 서로 다른 선택을 했던 사람들의 이야기를 그리고 있다.

영화는 사실과 허구가 섞여 있다. "이 영화는 실제 역사적 사실을 토대로 제작되었습니다. 다만, 모든 인물과 사건은 허구로 재구성되었으며 따라서 실제와 다를 수 있음을 밝힙니다"라고 알려준다.

그런데 이 영화를 본 상당수 사람들은 영화의 내용을 대부분 사실로 믿는다는 것은 문제가 될 수 있다. 영화를 만든 감독의 시선과 관점은 팩트가 아님에도 불구하고…

**컵에 물이 반쯤 차 있는데, 어떤 이는 "물이 반이나 차 있네!"라고 이야기하고, 어떤 이는 "물이 반밖에 없네, 많이 부족하네!"라고 이야기한다. 그렇다고 물의 높이는 변하지 않는다.**

경제에 미치는 큰 사건은 예고 없이 일어난다. 경제이론에는 큰 사건이 발생하기 전 이를 예고하는 작은 사건들이 일어난다고 하는데, 여기에 관심을 가지는 사람은 아무도 없다. 또는 '큰 이벤트가 발생하고 과거를 추적해 보니 그런 작은 일들이 연관되어 있었구나 하고 추측해 보는 것이 아닐까?' 하고 생각해 본다. 어찌 되었든 일어날 일은 일어나게 된다.

이미 벌어진 1997년의 빅 이벤트, 그 전에 일어난 작은 사건들, 그 이후로 일어난 우리나라 국민 모두에게 닥친 고통들, 거슬러 올라가 보면 일자별로 정리할 수 있을 것이다. 어떤 원인 때문에 사건이 발생했는가? 막을 수 있지는 않았을까? 또는 피해를 최소화할 수 있는 방법은 없었을까?

'1997년 외환위기의 주요 원인을 어떻게 보는가?'에 대해 두 개의 관점으로 살펴보자. '국가부도의 날'이라는 영화의 관점과 저명한 외국인 학자가 바라보는 관점이다.

먼저 영화 '국가부도의 날'이 이야기하는 1997년 외환위기의 원인을 살펴보자.

### ◈ 영화의 관점에서 IMF 발생 원인

- 나쁜 기득권이 자기 이익을 위해 국가부도를 기회로 삼았다.
- 엘리트 관료는 하나같이 무능하고 기회주의적이며 노동조합을 싫어한다.
- 재벌3세도 무능하고 오만하며, 나라의 안위보다 눈앞의 이익에만 관심이 있다.

영화는 감독의 시선과 관점에서 스토리를 만들 수 있다. 그러나 역사적 사건을 다루는 영화는 다큐멘터리적 요인과 사실이 상당 부분 팩트로 들어가야 역사적 왜곡이 적어질 수 있다. 그러나 이 영화는 IMF 외환위기로 고통을 겪는 국민과 이를 유발하고 이익을 취하는 대상층이 부패한 관료와 재벌 기업이라는 쪽으로 포커스를 맞추다 보니, 진짜 원인이 무엇이었는지 팩트에 대한 것이 감독의 시선과 생각에 많이 치우쳐 머무는 문제가 발생한 것으로 보인다.

이 영화를 사실 그대로의 Fact만 가지고 만들었다면, 흥행 면에서나 재미도 반감했을 것이다.

그러나 일부 부패한 관료, 비이성적인 몇몇의 재벌 기업의 이기주의 때문에 외환위기가 발생했고, 그 이후의 고통이 더 커졌을까?

영화의 시나리오를 받은 배우 김혜수는 매우 분노했다고 한다. 시나리오 내용을 역사적 사건으로 100% 받아들여서 그렇지 않았을까? IMF 이후 정부 당국에서 발간한 보고서, 외국인 학자가 분석한 책과 이야기를 골고루 읽어봤다면 평온한 마음으로 대본 리딩을 할 수 있었을 것이다. 물론 배우 김혜수가 연기한 한국은행 한시현의 캐릭터를 실감 있게 연기하려면 시나리오가 역사적 사실인 것으로 판단하는 것이 더 맞을 수 있었겠다.

영화 '국가부도의 날' 포스터

◈ 영화의 내용과 실제 기록

– 정부 관료들이 IMF 협상에 적극적이었고, 거의 IMF 측에 경제 주권을 넘겨주었다.

→ 사실 : 정부는 구제금융 신청의 필요성은 인정하면서도 대안을 찾아 IMF행을 최대한 막으려 했다. 미국과 일본에 자금 지원 요청을 시도하거나 여러 다른 수단을 강구하였다.

- IMF 구제금융 협상은 미국의 음모인가?
→ 사실 : IMF는 이익단체이며, 미국이 대주주로 있고 최대주주인 미국이 자신이 빌려주는 돈이 어디에 어떻게 쓰일지 의견을 제시하는 것은 상식적인 일이다.

다음은 저명한 외국인 전문가의 의견을 살펴보자.

노벨경제학상 수상자인 폴 크루그먼이 쓴 『불황의 경제학』에 1997년 외환위기에 대한 내용이 나온다. 아래 내용은 책에서 주요 내용을 발췌한 것이다. 전체 내용은 책의 원문을 참고하기 바란다.

# 아시아의 붕괴

- 1990년대 초반, 각 선진국의 중앙은행은 불황의 조짐을 보고 이를 막기 위해 노력하고 있었다. 이자율은 매우 낮았고 투자자들은 조금이라도 더 높은 수익을 찾아 해외로 나갔다. 과거에 '개발도상국'이라고 부르던 나라들은 '신흥시장Emerging Market이라는 금융투자의 새로운 개척지로 평가받기 시작했다.

- 1996년 초 동남아시아 경제는 1980년대 후반의 일본의 거품경제와 매우 흡사한 모습을 보이기 시작했다. 태국 정부는 풍선처럼 부풀어 오르는 통화와 신용을 억제하는 유일한 방법은 중앙은행의 고정환율제 포기였다. 즉 바트화 가치가 올라가도록 놔두는 것이었다. 그러는 동안 호황으로 인해 임금은 상승한 반면, 수출품의 경쟁력은 떨어졌다.

- 1997년 7월 태국의 호황을 만들었던 신용의 톱니바퀴가 거꾸로 돌기 시작했다. 태국의 호황이 끝난 것은 도박장의 논리라고 할 수 있다. 노름꾼은 어차피 도박장을 이길 수 없는 법이다. 외국의 저렴한 자본을 끌어다 쓴 수많은 투기성 투자가 갈수록 어긋나기 시작했다. 일부 투기꾼이 파산했고 도산하는 금융회사들도 속출했다. 외국의 금융기관 들은 추가 대부대출를 꺼리기 시작했다.

- **투자자들의 신뢰상실은 일정 정도 악순환적 과정이다.** 부동산 가격과 주식시장이 호황이면 아무리 의심스러운 투자라도 좋아 보이는 법이다. 그러

나 거품이 빠지면서 손실이 엄청나게 늘기 시작했다. 달러의 유입이 줄자 외환시장에서 바트화에 대한 수요도 줄어들었다. 태국은행은 원하는 만큼 바트화를 공급할 수 있다. 그러나 달러는 찍을 수 없다.

- 중앙은행은 통화의 가치하락을 막기 위해 더 많은 바트화를 매입해야 했다. 중앙은행의 외환보유고는 빠른 속도로 고갈되었다. 바트화 폭락 이후 아시아를 뒤덮은 경제위기에 대해 투자와 생산의 붕괴를 야기했을까? 그다음은 각국 정부가 왜 이 재앙을 막지 않았는지, 아니면 왜 막을 수 없었는지?

- 상품시장에서 이러한 직접적인 '스필오버 효과Spillover Effect, 특정 지역의 현상이나 혜택이 흘러넘쳐 다른 지역에까지 영향을 주는 것으로 일종의 연쇄적 파급효과를 말함'를 감안하더라도 이것이 위기 전염의 주요 원인일 수는 없다. 특히 **태국은 한국의 경쟁자로서든 아니면 한국 상품의 시장으로서든 규모가 훨씬 큰 한국경제를 엇나가게 할 주요 요인이 될 수 없었다.**

- **1997년 한국은 선진국의 문턱에 거의 다다라 있었다.** 한국의 1인당 국민소득은 남유럽 국가들과 비슷했지만 인도네시아는 1인당 하루 칼로리 소비량으로 성장의 척도를 재는 매우 가난한 나라였다. 전혀 다른 두 나라가 같은 시기에 위기를 맞은 것은 무슨 까닭일까?

- 태국에서와 마찬가지로 말레이시아와 인도네시아, 한국에서도 시장의 신뢰가 꺾이면서 금융 및 경제 붕괴의 악순환이 시작되었다. **이 나라들이 물**

리적 상품의 흐름이라는 측면에서 크게 밀접한 관계를 맺고 있지 않다는 사실은 중요하지 않았다. 외국인투자자들의 머릿속에서 서로 연결된 나라들이라는 점이 중요했다. 투자자들은 한 아시아 국가의 곤란을 다른 아시아 국가들에 대한 나쁜 뉴스로 간주했다.

나는 10개의 펀드를 가지고 있다국내는 인덱스펀드 포함 3개, 미국펀드 2개, 중국 1개, 베트남 1개, 인도 1개, 글로벌IT펀드 1개, 해외증권거래소펀드 1개 등. 매일 각 펀드에 1만 원씩 투자하면서 국내와 해외시장의 흐름을 지켜본다. 최근 금리의 고공 상승과 러시아 우크라이나 전쟁, 중국시장의 침체 등으로 보유한 펀드가 거의 마이너스를 면치 못하고 있다. 그러나 인도펀드는 10% 이상의 수익을 기록하고 있다. 인도시장의 잠재성을 한국뿐 아니라 외국인 투자자도 좋게 평가하는 이유일 것이다.

만약 국내에서 유럽펀드에 투자하고 있는 투자자라면, 러시아 우크라이나 전쟁이 장기화되면서 유럽 쪽의 경기침체가 지속되고 회복기간이 오래 걸릴 것이라는 판단을 할 수 있다. 이런 경우 상대적으로 독일의 경제상황이 좋다고 하더라도, 독일이 포함된 유럽펀드에서 자금을 회수하는 결정을 한다. 유럽은 지리적으로 다 가깝게 붙어 있고, 경제적인 사건도 바로 영향을 미친다고 생각할 수 있기 때문이다.

국내의 주식시장을 보더라도, 어떤 섹터의 주식이 계속해서 상승을 보일지는 누구도 예측하기 어렵다. 불과 몇 달 전만 해도 2차전지 분야의 주식, ETF 들이 고공행진을 보이더니, 이제는 하락 폭이 다른 섹터에 비해서 더 커지는 양상을 보인다.

이렇게 국내의 상황도 예측하기 어려운데, 나라 밖의 상황에 대해 어떻게 자세히 알 수 있겠는가? **1997년 당시로 돌아가서 선진국의 외국인 투자자의 눈에서는 태국이나, 한국이나 거기서 거기인 나라로 비췄을 것이고, 앞으로 예상되는 손실을 줄이고자 투자와 달러를 빼냈다고 하는 것이 더 합리적인 추론일 것이다.**

일본은 인접 나라에 있었지만 선진국으로 분류되고 있어서 동아시아에 불어 닥친 높은 파고의 여파를 직접 받지는 않았다. 각 나라마다 경쟁력이 있는 부분과 감추고 싶은 취약점이 있을 것이다. 1997년 초까지만 하더라도 플러스 요인, 마이너스 요인을 감안하면 한국경제는 양호한 수준으로 국내외에서 평가받고 있었다.

그러나 **경제의 대부분을 수출에 의존한 경제기반에 태국에서 불어온 화마는, 외국인 투자자의 눈에 유사한 지역으로 비춰졌고, 그나마 남아 있는 물건들을 불길에서 건지기 위해 달러를 회수했던 것이다.**

IMF로부터 구제금융을 지원받고, 기업들이 뼈를 깎는 구조조정을 단행하고, 대규모 해고에, 국민들은 크나큰 고통을 겪었다. 물리적으로 우리 힘만으로 막을 수 없었던 일이라고 생각하지만, 우리나라 경제를 밑바닥부터 뒤집어엎고, 새롭게 나아갈 수 있는 계기가 만들어진 것만큼은 사실이다.

앞에서 미국과 한국에서 크게 고통을 겪은 두 개의 사건에 대한 영화와 책에 대한 내용을 살펴보았다.

'빅쇼트'와 '국가부도의 날' 두 영화에서 공히 이야기하고자 하는 것은 정부 당국의 무책임, 금융기관과 기업의 탐욕, 그리고 고스란히 피해는 일반 국민의 몫이라는 것이다.

지나간 사건을 해석하고 정리해서 보여주는 영화를 보고 느끼는 것은, 한 가지 관점과 이야기에만 귀를 기울이기보다는 정반대의 의견, 다른 나라 사람, 외부의 객관적 관점과 시각도 같이 알아봐야 한다. 그리고 균형감 있는 위치에서 인지, 분석하고 그에 따른 교훈과 대책을 마련하는 것이 중요하다는 것이다.

# 은행의 한계와
# 해결 방법

## 은행의 이윤 추구 vs
## 고객의 관심

학생들에게 '경영학 원론'을 강의하다 보면, 다양한 분야를 다루게 된다. 경영자의 역할, 기업윤리와 사회적 책임, 전략적 경영활동, 마케팅 관리, 인사관리, 기업문화, 리더십까지 회사 특히 주식회사의 운영에 관한 내용을 가르친다.

그런데 이 모든 것을 한마디로 이야기한다면, 돈을 벌기 위한 것이다. 즉 **기업의 목적은 '이윤 추구'이다.** 돈을 벌어서 직원 월급도 주고, 비용도 충당하고, 이것저것 다 지급하고 남아야 기업의 생존 및 유지가 가능하다. 물론 바람직하지는 않지만, 한전처럼 적자를 수 조원씩 내더라도 공기업은 공익목적에 의해 세금으로 충당이 가능하다.

은행은 일부 특수목적 은행한국은행, 산업은행, 기업은행 등을 제외하고는 사기업인 주식회사이다. 은행의 주요 업무인 예금과 대출은 1금융권인 은행뿐만 아니라 새마을금고, 저축은행, 대부업체서도 하고 있다.

주요 은행에서 취급하는 예금과 대출규모가 전체의 대부분을 차지하고, 시장 전체의 자금흐름을 결정하고 국내경제에 미치는 파급효과가 크기 때문에 여수신 이율 및 규모, 요건 등에 대해 정부기관의 감독과 통제를 받고 있다.

예금을 싼 금리로 받아, 비용을 차감하고 적정한 이윤을 붙여서 대출을 해준다면 그야말로 남는 장사이다. 여건만 된다면 어느 누구라도 은행산업에 진출하려 할 것이다.

출처 : Pixabay

그러나 본인이 사업도 하고, 돈도 빌려주는 주체가 되면, 공정성에 문제가 있을 수 있어, 우리나라에서는 '금산분리법'에 의해 기업, 특히 대기업의 은행산업 진출이 제한되어 있다 증권회사, 보험회사는 겸업이 허용되어 있음.

은행은 일종의 면허사업이고 허가사업이다. 은행업 진출은 까다로운 조건에 의해 거의 진출이 어렵고, 지방은행이 전국구 은행영업에 진출하는 것도 쉽지 않다.

싼 금리로 조달한 자금에 적정 이윤을 붙여 적당한 규모로 대출해준다면, 은행에서 손실이 발생하기는 쉽지 않다. 물론, 수백, 수천만 건의 대출 중에 일부는 개인 및 기업의 부도로 손실이 발생하겠지만, 이에 대비하여 적정 수준의 충당금을 미리 쌓아두고 대비하기 때문에 큰 문제는 발생하지 않는다. 감독 당국에서도 이러한 비율과 충당금 적립 부분을 주기적으로 체크하고 있다.

과거 우리는 한국전쟁 이후 폐허에서 보릿고개를 넘기고, 하루하루를 살아서 버티는 것이 어려운 상황에서 경제를 일으키고자 우리의 부모님들은 먹는 것을 아끼고, 잠을 줄여가며 현재의 경제성장을 이루었다.

외국에서 차관을 들여오고, 아무것도 없는 황무지에 공장을 짓고, 기존에 없는 제품을 생산하고, 수출까지 했다. 여기에 필요한 자금을 지원하고 수출입의 과정을 지원한 것이 시중은행이었다. 정부의 지원과 전략에 의해 공기업처럼 운영되었다.

지금은 없어진 시중은행인 조상제한서은행 설립 순으로, 조흥은행, 상업은행, 제일은행, 한일은행, 서울은행의 5개 은행은 정부에서 지원받은 자금외국 차관 등을 전략산업의 기업들에게 비교적 싼 금리로 지원하고, 경제의 급성장에 따라 기업도 발전과 성장을 거듭하여 경제고도화에 기여하였다.

60~70년대 경제발전이 정부 주도로 이루어졌고, 기업들의 성장도 정부의 경제성장 전략중공업, 대기업 위주에 맞추어졌다. 은행은 이러한 상황에서 정부에서 정해준 산업과 기업에 필요한 자금을 지원해 주면 되었다.

그러다 보니 대기업의 부도, 은행의 파산이란 단어는 IMF 전까지는 존재하기 어려웠다. 5개 시중은행이 주축이 되는 은행의 구도는 더 늘어나기도 줄어들기도 어려운 과도체제가 유지되었다. 엄청난 규모의 사고나 부실경영이 없다면 은행은 망할 수가 없는 구조였다.

내가 1993년 조흥은행 남대문 지점에 첫발을 디디고 직장생활을 시작하였을 때의 느낌은 예금 받고 대출해 주는 예대 업무가 우리가 현재 관공서를 방문하여 업무를 보는 공적인 업무처럼 정형화되고, 다른 곳에서는 할 수 없는 업무로 느껴졌다.

국내의 다른 산업 분야도 그렇겠지만, 은행업의 극적인 변화는 1997년 IMF 금융위기를 기점으로 발생하였다.

대우를 위시한 30대 대기업의 상당수가 없어지거나 규모가 축소되고, 정부는 기업의 부채비율 축소, 구조조정 등의 과감한 정책을 수행해야만 했다. 은행도 정부의 지시만 수행하면 큰 문제 없이 영업을 할 수 있었던 상황에서 이제는 경쟁을 통한 생존을 생각해야 했다.

지금은 예전의 조상제한서의 5대 시중은행의 이름은 모두 없어졌다. 그리고 현재 있는 5대 시중은행국민은행, 신한은행, 우리은행, 하나은행, 농협은행도 경영을 잘 못하고, 자본이 잠식되는 등 문제가 발생하여 없어져도 하나도 이상하지 않은 상황이 된 것이다.

은행의 경영전략 방향도 예전과 달라졌다. 지금부터 30년 전을 돌아보면 은행은 기업중심, 대출 위주의 영업이 주를 이루었다. 그리고 은행 수도 많지 않았고, 은행의 문턱도 높아서 다른 은행과의 경쟁은 거의 생각하지 않았다. 가만히 있어도 개인이나 기업은 아쉬워서 은행을 찾아왔었으니까.

지금은 사업 분야를 막론하고 무엇보다 수익 위주의 영업, 즉 '어느 은행이 장사를 잘해서 돈을 잘 버느냐?'가 경쟁 순위를 결정하는 척도가 되었다. 예금, 대출이 주된 업무였다가, 외환 업무, 신용카드, 투자상품, 방카슈랑스 등 상품판매 시 건당 수수료가 많이 발생하는 사업 분야의 비중이 커지고 중요하게 되었다.

따라서 판매마진이 적은 예금보다, 판매수수료가 3~10배 이상 되는 펀드, 신탁, 방카슈랑스 상품을 판매하게 되면, 판매직원은 우수직원으로 선정될 확률이 높아진다. 해당 지점도 좋은 평가를 받는 구조로 국내 거의 모든 은행의 평가시스템인 KPIKey Performance Indicator, 핵심 성과지표로 보통 1천 점 만점으로 평가된다.에 손익 비중이 높게 반영되어 있다.

매 분기, 반기, 연간 각 은행의 외형과 손익자료가 공개된다. 주기적으로 그 은행이 경쟁은행 대비 얼마를 더 벌고 있는지가 공표된다는 이야기다. 다음번 주주총회에서 다시 연임되어 경영을 하기 위한 CEO와 경영진의 최대 관심사는 '타 은행 대비 얼마나 많이 그리고 잘 버는가!'이다.

요즘 은행의 전산시스템은 아주 정교하게 잘 만들어지고 운영이 되고 있다. 거의 모든 업무가 종이가 필요 없고 태블릿에서 클릭으로, 스마트폰에서 몇 번 터치를 하면 이루어진다.

매일 아침 직원이 은행의 지점에 출근하면, 아침 컴퓨터 모니터에 뜨는 것은 전일 기준 나의 평가실적이다. 더불어서 근무하는 지점의 전국 성적도 같이 조회된다. 그리고 우수직원, 우수사례, 부진한 지점의 성적도 가려지는 것 없이 전국에서 볼 수 있게 된다. 매일, 개인 및 지점의 평가를 하고 그것을 공표하는 시스템이 운용되고 있는 것이다.

이러다 보니, CEO인 은행장뿐만 아니라, 지점의 말단 직원도 관심 있는 것은 누가 더, 어느 지점이 더 많이 돈을 버는가이다.

은행생활 30년 동안, 제일 힘들었던 것은 '민원'과 '실적평가'였다.

서비스업종에 속하는 은행에서 근무하다 보니, 내가 잘했고 못했고를 떠나서 은행 객장에서 큰 소리가 들리면 피부가 쭈뼛해진다. 일단 민원인을 잠잠하게 만들어야 하고, 원인을 해소해 주어야 한다. 직원과 은행의 잘잘못은 나중 문제다.

30년 은행생활을 마치고 제일 좋은 점의 하나는 고객의 민원 업무에서 해방되는 거다. 지점생활 10년 대부분을 민원 담당 책임을 다른 업무와 함께 맡았으니 스트레스가 많았었다.

실적평가는 은행을 다니는 모든 직원의 부담이고 스트레스일 것이다. 1년 내내 하루도 쉬지 않고 평가결과가 게시되고, 그 결과가 인사고과에 연결되다 보니, 연말에 최종 결과가 나오고 일주일 정도 실적

게시가 되지 않는 그 기간다음 해 평가 기준을 정비하는 기간이 필요하므로이 마음의 휴가를 얻는 기간으로 느껴진다.

우스갯소리로 '남북통일'이라는 과제가 은행원의 평가 핵심지표인 KPI 항목에 있다면 빠른 시간 안에 남북통일이 가능할 거라는 이야기를 동료들과 소주잔을 기울이며 종종 했던 기억이 있다. 그만큼 은행원들이 실적평가에 지대한 관심을 가지고 있다는 방증인 것이다.

고객에 대한 친절 서비스, 민원예방도 중요한 업무이기는 하지만, 현재를 살아가는 은행원에게 가장 필요하고 중요한 것은 실적이다. 그리고 평가에서 많은 배점이 부여되는 수수료가 많은 상품을 되도록 많이 판매하는 것이다.

이 책을 읽고 있는 독자들도 경험했을지 모르겠지만, 시중은행의 지점에 가서 정기예금 1천만 원을 가입할 때와 펀드 등 투자상품 1천만 원을 가입하고자 했을 때 상담하는 직원의 표정을 보면 어떤 것이 그 직원의 평가에 도움이 되는지를 명확하게 알 수 있다.

무덤덤하게 정기예금을 가입해 주는 모습과 열과 정성을 다해서 투자상품의 장점을 나열하고 여러 항목에 체크를 해가며 수수료 수입을 올리고, 마침내 가입이 완료되었을 때 그 직원의 흐뭇한 표정을.

은행에서 판매하는 펀드상품, 신탁상품, 사모펀드, 방카슈랑스 등 원금이 보장되지 않는 상품들. 하나씩 뜯어보면 다 나름대로의 장점이 있는 상품이다. 고수익과 위험을 보장해 주는 기능을 안전한 정기예금에서는 줄 수 없다.

제대로 고객의 금융자산을 관리하려면, 고객의 연령, 투자 위험성향, 현재 처한 경제 이벤트 등 여러 상황을 고려해서 포트폴리오를 짜고 거기에 맞게 상품을 상담하여 권유하고 주기적으로 관리해야 한다.

그런데, 평가는 매일 일어나고, 수수료 높은 상품을 판매했을 때 손익과 점수 차이가 많다 보니, 조금 무리이다 싶어도 투자상품을 권하게 되는 것이 일반적인 시중은행의 구조적인 상황들이다.

정책당국에서도 이러한 것을 제한하기 위해, 65세 이상의 시니어 고객이 투자상품을 가입할 때 더 많은 체크를 하게 하고, 평가도 배점을 줄여서 하게 지도하지만, 투자상품 배점 및 손익에 대한 점수를 줄인다든지 하는 핵심적인 KPI에 대한 평가방식에는 관심이 크게 없다.

그래서 이러한 손익 위주의 평가방식에 큰 변화가 없다면, 은행을 거래하는 고객은 본인의 상황연령, 투자성향, 은퇴 시기, 자금 상황에 맞는 적절한 포트폴리오에 대한 상담을 받고 자산을 잘 관리받는 데 어려움은 계속 존재할 것이다.

은행을 거래하는 고객은 증권회사를 거래할 때와 또 다른 생각으로 은행 지점을 방문하고, 자산을 맡긴다.

비교적 안전하고 가능하면 원금을 보존하기를 원하고, 단기보다는 장기적인 자산관리를 위해서, 보다 신뢰성 있는 상담에 방점을 두고 거래한다.

같은 투자상품의 종류라고 하더라도, 조금 더 안정적인 구조의 상품을, 조금 더 보수적인 구조와 고수익보다는 무난히 좋은 수익률을 기대한다. 그렇지만, 은행의 투자상품 부서, 본점의 전략부서는 이러한 고객의 니즈에는 크게 관심이 없다.

경쟁은행에서 색다른 투자상품을 판매해서 좋은 판매수익을 올렸다고 하면, '당장 우리도 판매할 수 있는지 검토해 봐!' 이런 지시가 경영진에서 내려온다.

IT가 나날이 발전하듯이, 투자상품의 구조도 점점 더 복잡해져서 잘 살펴보지 않으면 은행의 상품 담당자도 장점과 단점, 위험성의 정도를 잘 파악해 내기 쉽지 않다. 그래서 투자상품을 판매할 때에는 시간을 들여서 자세하게 주요사항을 성실하게 설명하고 안내하여야 한다. 특히 단점과 위험성에 대해서는.

그러나 현재의 평가 시스템하에서 그러한 것을 기대하기는 어렵다. 투자상품 하나라도 판매가 되면, 지점 직원 전체가 내부 소통망을 통해서 축하하고 격려하는 문화가 있을 정도로 장려하고 있기 때문이다.

따라서 은행에서 투자상품을 가입하려고 하는 투자자는 위에 설명한 은행 내부의 상황과 구조를 잘 이해하고, 은행원이 투자상품을 권유하고 설명할 때 어느 정도 걸러서 듣고 판단하는 자세가 필요하다. **투자상품의 최종 결과는 은행원이 아니고 투자자 본인이 가져가는 것이기 때문이다.**

그리고 은행원이 권유하는 상품을 그대로 선택하기보다는 사전에 관련 상품에 대한 사전공부를 하고, 대상 상품군을 여러 개 알아본 상태에서 투자상담 시 이러저러한 질문을 하고 소통을 한다면, 나에게 더 잘 맞는 투자상품을 선택하는 데 도움이 된다.

손익 위주로 운영되는 은행시스템, 투자상품 위주로 권유되는 은행의 상품들, 내가 먼저 마음의 준비, 상품에 대한 공부가 잘되어 있지 않으면 원하지 않는 상품과 수익으로 상당한 고통을 겪을 확률이 높아진다.

## 은행이 직면한 문제들

'공익, 경쟁, 금융사고, 전문성' 은행원으로서 30년을 꼬박 한 조직에서 열심히 생활하고 은행 밖에 나와서 은행을 바라볼 때 생각나는 단어들이다.

잊을만하면 터지는 금융사고, 그중 은행원의 횡령사고는 긴 세월 은행조직에 몸담았던 사람으로서 매우 부끄러운 일 중 하나이다. 평균 직장인의 소득 대비 상대적으로 양호한 급여를 받음에도, 자금을 횡령하는 것은 기본 중에 기본이 안 되어 있는 거다.

은행을 다니면 주위에서 돈이 많아서 좋겠다고 하는 말을 자주 듣는다. 맞는 말이다. 은행에는 돈이 많다. 내 통장에 그만한 돈이 없는 것이 문제이지.

예전에는 은행 지점의 금고에 많은 돈이 있었다. 지금은 현금 출금보다 자금 이체가 많아서 일정 한 금액 이상을 현금으로 찾으려면 용도와 목적을 전산에 기록해야 한다. 그런데 그 돈은 고객이 맡긴 돈이지, 은행직원의 돈은 아니다.

은행원에게는 현금이 하나의 상품이다. 100장짜리 돈다발은 상점에 진열되어 있는 상품과 같은 성격이다. 월급날 통장으로 입금되는 돈이 은행원에게 진정한 돈이다.

금융사고를 예방하려면, 돈의 액수에 상관없이 강력한 규율과 규정을 어긴 직원에 대한 강력한 징계가 필요하다.

더불어 횡령사고 등 금융사고 횟수와 금액의 범위를 정하고 일정 수준이 넘으면 경영진에 대한 강도 높은 문책을 해야 한다. 은행장의 경우 연임금지, 퇴임 후 금융기관 취업금지 등의 강력한 제재가 있다면,

내부감사제도를 정비하고, 사고예방을 경영의 우선순위에 둘 것이다.

출처 : Pixabay

현금을 다루는 은행에 더 철저한 규정과 제도정비가 필요하다. 아무리 작은 현금이라도 횡령하면 해고하고, 주기적인 감독과 통제를 실시하여 사전에 발생하지 않도록 관리해야 한다.

· 독일에서는 종업원 절도가 통하지 않는다. 『경영학원론』, 임창희 저 발췌

베를린의 한 슈퍼마켓에서 30년 동안 일해온 계산원이 빈 병 환불보증금 2천3백 원을 훔쳤다가 해고되었다. 청소용역회사 재활용품 수거원으로 10년간 일해 온 메흐메트는 쓰레기로 버려진 아기침대를 수거해서 집에 가져갔다가 해고당했다. 생크림 판매원이 돈을 안 내고 생크림을 먹었다가 해고된 후 법원에 자신을 해고한 회사를 고소했다가 패소했다.

위 독일의 사례까지는 아니더라도 은행의 현금사고에 대한 철저한

관리와 사고예방 그리고 은행직원들의 바람직한 윤리의식은 꼭 필요하다고 생각한다.

은행의 여러 업무 중 가장 기본적인 업무는 예금과 대출 업무이고 이것은 사채업을 하는 개인도 할 수 있지만, 대규모로 나라에서 허가를 취득해서 하는 것은 은행이다. 즉 하나의 공적인 업무로 볼 수 있는 것이다.

그러나 은행을 거래하는 대다수의 고객들은 기간별 예금금리가 어떻게 정해지는지, 그리고 대출금리는 다른 사람과 또 다른 기업과 왜 틀린지 구체적인 정보를 잘 모르고 거래한다.

분명히 정해지는 방식이 있을 텐데, '기준금리 + 가산금리' 수준 정도에서 설명되고 만다. 보다 구체적으로 기준금리는 어떤 것을 하는 것이 고객마다 유리하고, 가산금리를 정해진 이유와 조건을 자세히 설명해 주어야 한다.

은행의 근간이 되는 예대 업무의 투명한 금리과정 공개와 개인별 상황에 맞는 적합한 종류의 금리와 상품제공에 대한 설명이 필요하다.

경제가 호황이거나 안정적일 때, 정치권에서 은행권에 꼭 나오는 이야기가 있다. '왜 우리나라는 선진국의 은행처럼 첨단 금융상품 개발을 하지 않고, 또 다양한 분야의 사업에 진출하지 않고 예대마진에 의

한 이자장사에만 막대한 수익을 올리는가?'

즉, '예금과 대출금리의 차이로 '돈 놓고 돈 먹기'식으로 큰 위험 부담 없이 가만히 앉아서 수익을 올리는 것이 아니냐?'는 이야기이다. 포커스를 거기에만 맞추어 보면 일견 맞는 말 같기도 하다.

그러나 고객으로부터 수신, 즉 돈을 받아서 예금금리를 주어야 하는데, 이는 돈을 떼이지 않을 대상개인, 기업에 적정한 금리로 빌려주어서 이자를 꼬박꼬박 잘 받아야 가능하다. 100명 중 90명에게 대출이자와 원금을 잘 회수하더라도, 이 중 10% 정도만 원금을 받지 못해도 무조건 손해나는 장사이다.

그래서 은행에서는 아무리 신용평가와 대출관리를 잘하더라도 일정 비율은 떼일 것으로 예상하고 충당금을 쌓아둔다. 고객이 맡긴 예금은 언제든지 돌려줄 수 있도록 준비를 해야 하기 때문이다. 잘 드러나지는 않지만, 대출에서 부실이 발생하지 않도록 잘 관리하고 더러 일어나는 부실률을 감안하여 예금금리를 정하고 이를 유지하는 것이 매우 중요한데, 만만한 일은 아니다.

금융선진화와 관련된 요구는 정치권만 아니라 언론에서도 판박이 하듯이, 뉴스거리가 없으면 주기적으로 나온다. 그러다가 국내에서 금융사고가 발생하거나, 특히 외국, 금융선진국인 미국에서도 금융사고가 발생하면 '첨단 금융상품 개발이 필요하다'는 유의 이야기는 쏙 들어간다.

'은행 대출 연체율 3년 만에 최고치, 개인사업자, 신용대출 연체율 특히 높아' 이런 기사가 뜨면 '은행에 맡긴 돈 과연 안전한가?'의 생각도 들어서, '다른 것은 다 놔두고 예금과 대출 업무라도 제대로 해주면 좋겠다' 하는 생각이 들게 만든다.

은행의 본연 업무인 예금과 대출 업무의 관리는 매우 중요하다. 그리고 이를 관리하는 내외부 리스크 관리의 중요성도 마찬가지이다.

은행의 다른 수수료 사업에서 수익이 많이 발생하더라도 예대마진에 비할 수 없고, 사고 발생 시에는 경제, 사회적으로 파생되는 것이 매우 크기 때문에 예금과 대출 업무의 지속적인 리스크 관리와 감독이 필요하다.

출처 : Pixabay

나는 은행생활 30년 중 20여 년을 본부 부서에서 근무했다. 지원부서인 연수원 근무 5년을 제외하고는 펀드상품, 신탁상품 부서, 퇴직연금 부서, PB센터에서 근무하였다. 상품 개발 업무뿐 아니라 기획 업무도 꽤 오랜 기간 담당하였는데, 주기적으로 보고서를 만드는 것 하나가 경쟁은행 대비 상품판매실적이었다.

5대 시중은행 중 농협은행은 성격이 조금 다르다고 판단하고 늘 4개 은행<sup>국민, 신한, 우리, 하나은행</sup> 간 실적을 비교하였다. 월별, 분기별로 상품판매실적이 몇 위인지, 반기, 연간 손익은 누가 더 잘했는지, 이것은 항상 경영진과 CEO의 최대 관심사이다.

설령 전년 대비 은행실적이 좋지 않더라도 경쟁은행 대비 조금이라도 숫자가 높으면 잘하는 것으로 판단하고는 했다.

정말 잘한다고 하는 것은, 전년 동기 대비 이번엔 여러 내외부 사정을 감안하여 10% 성장 예상인데, 20% 성장했다. 그러면 잘하는 것인데, 그것보다 경쟁은행보다 1%라도 나은 숫자가 보이면 잘하는 것으로 판단하는 것은 문제이다.

경쟁은행에서 새로운 상품을 출시하여 판매고가 높아지면, 그 상품의 출시배경과 리스크 분석보다는 어떻게 하면 빠른 시일 내에 동일하거나 유사한 상품을 출시할 것인가가 경영진의 관심사이다. 이러다 보니, **한 은행에서 상품사고가 발생하면 다른 은행에도 유사한 상품의 사고가 비슷한 규모로 일어나는 경우가 빈번하다.** 특히 사모펀드의 경우는 내부 리스크 관리로 사고를 비껴가는 은행이 거의 없다.

경쟁은 은행의 과거와 현재, 그리고 미래를 위해 비전과 중장기 계획을 세워서 진행해야 하는데, 몇 년 주기로 바뀌는 CEO와 경영진은 무게감 있는 전략과 계획을 가지고 경영하기 쉽지 않다.

다음번에 한 번 더 자리를 보전하기 위해서는 단기적으로 외형과 손익에서 타 은행 대비 더 나은 성과를 보여주는 것이 유리하기 때문이다. 은행의 장기적인 발전과 고객이 만족하는 상품과 서비스는 그들에게 그다음 대상이기 때문이다.

경영진의 이러한 성향과 태도는 비단 은행만의 문제는 아니다. 조직을 대표하는 CEO와 경영진은 조직과 주주에게 장기적으로 도움이 되는 정책을 펼쳐야 한다. 비단 당장 인기가 없는 정책일지라도 말이다.

그러나 CEO의 최대 관심사는 대표로서 경영을 다음에도 그다음에도 계속하는 것이다. 그러려면 인기 없고 장기적인 전략을 세워 시행하기보다는 당장 매출액이나 수익을 올려 실적을 돋보이게 해야 한다. 그리고 당장 필요 없고 비용도 많이 들지만 과거에는 없었던 시스템이나 전략을 실시한다. 대리인 이론, Agency Theory

은행의 CEO도 위와 같은 대리인의 입장에서 벗어나기 쉽지 않겠지만, 은행산업이 경제 전반에 미치는 지대한 영향력과 신뢰를 기반으로 하는 금융산업 특성상 조직과 국민경제 모두에 도움이 되는 경영전략을 시행했으면 하는 바람이다.

시간을 두고 장기적인 관점에서 은행의 체질을 개선하고 조직의 발전을 도모하고 고객을 생각하는 은행이 되려면 10년, 20년 경영을 할 수 있는 능력 있는 경영진과 이를 밀어주는 주주들이 필요하다.

나는 은행을 다니면서, 석사와 박사학위를 취득하였다. 업무와 학업을 병행하는 것이 쉽지 않았지만, 나름의 목표를 가지고 없는 시간을 쪼개어서 주경야독하면서 성공할 수 있었다. 더불어 금융 관련 특허도 3개를 등록하였는데, 모두 투자상품 관련으로 큰 보람으로 생각한다.

내가 그토록 노력했던 이유 중 하나는 내가 이야기하는 '말의 무게'를 높이기 위해서였다. 2000년대 초반 은행에 펀드상품이 처음 들어왔을 때 은행의 대표적인 적금상품이 적립식 펀드와 유사한 점이 많아서 적극적으로 추진하고자 했는데, 펀드상품 경험이 적고, 직급도 낮아서 내가 말하는 것에 무게감이 실리지 않아서 의견이 잘 반영되지 않았다.

2005~2006년 카이스트 금융전문대학원에서 금융공학MBA를 취득하고 은행에 다시 펀드상품 부서로 복귀하고, 여러 현안에 대해서 이야기할 때 내가 말하는 무게감이 달라졌다는 것을 느꼈다.

2019년 박사학위를 취득하고 고액자산관리를 하는 PB팀장으로 부임했을 때, 고객 상담 시 나의 말의 무게는 또 더 무게감이 실리는 것을 체감하였다.

대부분의 은행직원은 은행 본점에서 판매하라고 하는 상품을 숙지하고, 이러 저렇게 하라고 하는 방법대로 하는 것이 일반적이다. 그러다 보니, 같은 은행이면 어느 지점을 가더라도 똑같은 상품, 똑같은 상담내용으로 상품을 소개받는 것이 일반적이다.

갓 들어온 신입사원이나 10~20년 된 베테랑 직원이나 고객이 물어보는 질문에 비슷한 답을 내놓는다.

이래서는 안 된다.

후배 직원들에게 가끔 내가 하던 이야기이다.
의사가 다 똑같은 의사냐? 초보 의사, 경험이 조금 쌓여 말이 통하는 의사, 20년 이상 경험의 교수 겸 의사 선생님. 내가 많이 아프면 어느 의사를 찾아가야 하는지, 답이 나온다.

다양한 니즈와 자산운용에 대한 전문적인 상담을 해주기 위해서는 은행원 개개인의 전문화가 필요하다. 은행 본점에서 내려주는 필수지식과 교육뿐만 아니라 스스로 시간을 쪼개어 공부하고 자격을 얻어내고, 은행 외부에서도 전문적인 경험을 쌓는 것이 필요하다.

현재, 대부분의 시중은행은 갓 들어온 신입 행원이나 10~20년 베테랑 직원이나 대동소이한 업무와 큰 차이 없는 고객을 배정받아 관리하고 상담한다.

은행 내부적으로 주니어, 시니어 직원, 그리고 전문적인 자격이 있는 직원에 대한 구분과 각자의 경력에 맞는 난이도 있는 업무를 부여하고, 이에 맞는 고객을 상담하도록 하는 시스템을 갖추어야 한다.

이와 같이 운영방식을 변경한다면, 고객에게 보다 전문적인 상담서비스를 제공함으로써 신뢰성 있는 금융기관으로 경쟁력을 확보할 수 있을 것이다.

# 투자자를 위한
# 조언

## 투자상품 판매 및
## 관리의 문제점

국내 은행에 투자상품이 본격적으로 도입되어 판매되기 시작한 것은 2000년대 초반이다. 그전까지 은행에서 신탁상품을 담당하는 부서가 있고 신탁상품이 판매되었지만, 원금을 보장하거나, 장부가 상품으로서 자산을 운용한 실적의 결과대로 고객에게 돌려주는 형식의 상품은 없었다. 장부가 상품은 주식이나 채권 등 시장가격이 수시로 변하는 상품에 대해 최초 매입한 가격으로 상품을 평가하는 구조로 현재는 거의 존재하지 않는 방식이다.

신탁상품에서 원금이 보장되지 않는 실적배당형 상품이 판매되고 일부 손실이 발생하였지만, 판매 규모가 크지 않아서 큰 문제가 되지는 않았다.

2000년대 초반 몇몇의 자산운용사에서 펀드상품을 가지고 주요 은행에 판매를 의뢰하였다. 은행에서 실적배당상품을 담당하는 신탁담당 부서에서 이를 검토하였고, 작은 규모로 몇 개의 펀드를 론칭<sup>신규판매</sup>하기 시작하였다.

가장 큰 난관은 은행에서 판매하는 상품인데, 원금과 이자가 보장되지 않고, 실적에 따라 손실도 발생할 수 있다는 것이었다. 그때까지만 해도 은행 하면 안전, 신뢰의 단어가 떠올려지는데, 은행에서 상품을 가입했는데, 원금과 이자의 보장도 안 되고 원금까지 잃을 수 있는 상품을 판매한다고?

출처 : Pixabay

은행직원도 이해가 잘 안 되고, 따라서 고객에게 상품을 판매하는 것보다 은행직원에게 펀드의 상품 구조와 내용을 설명하는 것이 우선이었다.

나는 펀드상품이 은행에 처음 들어오는 시기에 업무를 맡게 되었다. 같은 부서의 다른 직원들은 자기만의 전공 업무가 있었고, 연수원에서 5년간 근무하다 온 나는 신탁 업무를 배우기 시작하는 시점이라 새로운 일을 맡기기가 쉬웠던 것이다.

전국에 있는 전 지점을 대상으로 펀드교육을 실시하였다. 지역별로 강당에 지점 대표직원들을 모아서 자산운용사의 마케팅/교육 담당자와 교육을 실시하였다.

'펀드상품은 무엇인가? 적립식 펀드는 어떤 장점이 있는가? 기존의 은행상품과는 어떤 차이가 있는가?'에다가 추가로 '은행에 어떤 도움이 되는가?'도 설명하였다. 기존 은행상품보다 몇 배의 수수료 수익이 가능하다는 것도 덧붙여 안내하였다.

그렇게 한 달에 10만 원씩 적금 불입하듯이 펀드를 가입하고 3년 정도 지나면 은행적금 수익률보다 좋은 수익을 기대할 수 있다고 설명했다.

2008년 금융위기가 터지기 전까지 국내외 주가지수는 꾸준히 상승하였고, 이 시기 언제 어떤 펀드를 가입하더라도 은행적금보다 훨씬 높은 수익률을 기록하였다.

펀드상품은 실적배당상품으로 수익도 손실도 가능한 상품임에도 불구하고 이 시기에 펀드는 언제나 투자자에게 좋은 수익률을 안겨준다는 잘못된 믿음이 형성되었다. 그러나 2008년 펀드 수익률이 반토막이 나면서 투자자도 멘붕이 오고, 이를 관리하는 은행에서도 큰 어려움이 발생하였다.

2008년 리먼브라더스 부도 사태 이후, 나는 거의 1년 동안 주말에도 은행 본점에 출근하여, 전국 은행 지점에서 발생한 펀드고객의 민원과 펀드상품 사후관리에 힘을 쏟았다.

은행 예금, 적금을 판매할 때와 펀드상품을 판매할 때의 수고는 몇 배의 차이가 난다. 은행의 예/적금은 기간별로 정해진 금리와 개별 조건에 따라 달라지는 우대금리만 설명하면 된다. 그걸로 끝이다.

그러나 펀드상품은 이 상품이 어디에 투자하는지, 예상 수익률은 얼마나 되는지, 수익률 기준인 벤치마크는 뭐로 쓰는지, 과거의 수익률은 얼마나 되는지, 동종 유형의 펀드에서 어느 정도 순위를 기록하는지, 어느 정도 기간을 투자하면 좋을지, 등등에 대해 구체적으로 설명하여야 한다.

월 10만 원을 불입하는 적립식 펀드를 판매할 때와 1억 원을 한 번에 넣는 거치식 펀드를 판매할 때, 펀드상품에 대한 투자설명서, 확인서, 각종 체크사항을 실행하려면 똑같이 약 1시간 정도의 노력이 든다.

거기에다 펀드상품을 판매하고 나서도 사후관리의 노력이 계속 필요하다. 시장지수 대비 성과가 하락하거나, 동일 유형의 다른 펀드 대비 수익률이 저조하거나, 적립만기가 다 되어가는데 투자원금에도 못 미치는 평가금액을 기록한다거나 하면, 고객의 원망은 고스란히 펀드를 판매한 직원 및 은행에게 돌아간다.

그럼에도 불구하고 판매하기도 어렵고 사후관리하기에도 어려운 투자상품을 은행에서 전략상품으로 정하고, 직원에게 판매하기를 왜 권하는가? 그것은 몇 배의 판매수수료를 더 얻을 수 있기 때문이다.

정기예금을 판매하면 연 0.1~0.2%의 수입을 얻을 수 있으나, 펀드상품을 판매하면 판매하자마자 바로 평균 약 1%의 판매수수료를 손익으로 취할 수 있다. 펀드상품 1억 원 판매하면 100만 원의 수수료, 정기예금 10억 원이 가입되어야 비슷한 수입을 얻을 수 있다.

같은 금액을 판매해도 몇 곱절의 수수료 차이가 없어지지 않는 한, 펀드는 은행의 주요 판매상품이 되고, 상대적으로 정기예금을 가입하는 고객은 투자상품 가입고객 대비 섭섭한 대접을 받게 되는 것이다.

거기에다 은행직원 평가, 지점의 평가가 대부분 손익 기준으로 되어 있기 때문에 고객이 오면 투자상품부터 권하는 것은 어느 은행을 가더라도 똑같은 그림이 나온다.

2023년 주식시장이 침체되고 기준금리는 오르고, 경기회복이 멀어 보이는 상황에서 펀드의 수익률도 큰 폭의 마이너스를 기록하고 있다. 그럼에도 불구하고 은행 창구에서는 '2, 3년 장기로 보고 적립식으로 투자하면 좋은 수익률을 기록할 수 있다'며 펀드상품을 권할 것이다.

은행생활의 대부분을 펀드와 투자상품 관련 업무경험을 가진 내가 판단해도 위의 설명이 꼭 틀린 것은 아니다.

그러나 중요한 것은, 가입하는 고객의 전체 포트폴리오와 자금계획을 감안해서 보유자산의 일정 부분을 펀드로 가입하는 것은 바람직하다. 그런데 은행을 방문하면 이런 상황을 고려해서 펀드를 권유하는 모습은 거의 보기 힘들다. 수수료가 직원 및 지점 평가에서 차지하는 비중이 너무 크기 때문이다.

위와 같은 은행 내부상황을 고려한다면, 펀드투자자는 아래의 몇 가지 상황을 고려해야 한다.

① 은행직원의 투자상품 권유는 일상이다.
② 펀드상품은 실적배당상품이며, 직원 설명대로 장점만 있는 것은 아니다.

③ 펀드의 첫 가입은 월 10만 원부터 적립식으로 하고, 비중을 늘린다.

④ 스스로 경제공부와 투자상품에 대한 기초지식을 배운다.

⑤ 궁금하거나 불만이 있을 경우, 은행을 주기적으로 방문하여 체크한다.

⑥ 아무리 좋다고 이야기하는 투자상품도 포트폴리오의 일부로 제한한다. 완벽한 상품, 특히 완벽한 투자상품은 이 세상에 존재하지 않는다.

출처 : Pixabay

투자상품특히 펀드을 합리적으로 선택하는 기준은 다음과 같다.

① 수익률이 좋은 것을 선택한다.

가입일 현재, 1개월, 3개월, 6개월, 1년 등 설정 이후 수익률펀드가 만들어진 이후 누적 수익률을 동일 유형의 펀드의 평균 수익률과 비교한다. 그러면 이 펀드가 유사한 스타일의 펀드 평균에서 꾸준하게 어떤 성과를 보여주는지 쉽게 확인할 수 있다.

② 펀드가 가지는 위험 대비 수익률 지표를 참고한다.

샤프 지수와 트레이노 지수는 총 위험, 시장위험 대비 성과를 나타내는 것으로 높은 수치의 펀드는 운용을 잘하는 것이다.

③ 펀드 판매사, 운용사의 Top 10 펀드, 추천펀드를 참고한다.

펀드 판매사인 은행, 증권, 보험사는 자사의 기준에 의해 우수 펀드를 주기적으로 선정하여 발표한다. 전략적인 부분도 있지만 대체적으로 규모와 수익률 두 가지 모두 충족하는 펀드 중에 선정하기 때문에 초보 펀드투자자는 참고할 만하다.

사모펀드에 대한 기본적인 속성도 알아둘 필요가 있다.

사모펀드는 황금알을 낳는 거위가 아니다. 고액자산가들만 할 수 있는 상품으로 오류 인식되어 왔지만, 상품 개발과 모집에 있어서의 구조적인 한계가 더 큰 이유이다. 경제시장이 제대로 돌아가기만 하면 적정한 수익률로 만기에 수익을 돌려주지만, 시장이 침체기에 들어서거나 나쁜 충격이 오면 만기상환도 적정 수익도 실현하기 어렵다.

사모펀드가 활성화될 당시에 대형 자산운용사에 근무하는 후배에게 "왜, 네가 근무하는 운용사는 사모펀드를 운용하지 않니?"라고 물어보았다. "사모펀드의 제약사항중도해지가 불가능한 폐쇄형, 리스크 관리의 어려움 등으로 운용사 내부의 상품선정 및 리스크 협의회에서 통과가 안 됩니다."라는 답변을 하였다. 그래서 대부분의 사모펀드는 규모가 작은 운용사에서 상품이 개발되고 운용되었다. 지금 생각해 보니 그 운용사의 판단은 맞는 것 같다.

따라서 사모펀드는 해당 상품의 투자경험이 풍부하고, 리스크를 충분히 인지한 투자자가 선별적으로 가입하는 것이 타당하다고 본다.

아래는 내가 펀드상품 분야의 오랜 경험에 의해 현재까지 유지하고 있는 펀드 목록이다. 나라, 섹터별로 분산되어 있는데, 참고하기 바란다. 펀드의 한 줄 평은 펀드평가회사의 의견이 아닌 필자 개인의 순수 의견이다.

| 펀드명 | 선택 이유 |
|---|---|
| 교보악사 파워인덱스 증권투자신탁 | 국내 코스피지수의 수익률만큼 투자수익을 올리고 싶어서 |
| 삼성코스닥150인덱스 증권투자신탁 | 국내 코스닥지수의 수익률만큼 투자수익을 올리고 싶어서 |
| KB중국본토A주 증권자투자신탁 | 중국의 고성장 산업에 장기투자 하고 싶어서 |
| 신한중소형알파 증권자투자신탁 | 국내 중소형 주식 중 성장가능성이 높은 주식에 투자하고 싶어서 |
| AB미국그로스 증권투자신탁 | 미국의 전통 성장주의 수익을 얻고 싶어서 |
| 유리글로벌거래소 증권자투자신탁 | 글로벌 상장 증권거래소의 장기 · 안정적인 수익을 얻고 싶어서 |
| 한국투자베트남그로스 증권자투자신탁 | 빠르게 성장하는 베트남의 성장산업에 투자하고 싶어서 |
| 삼성인디아 증권자투자신탁 | 이머징마켓 중 성장 잠재력과 속도가 빠른 인도시장에 투자하고 싶어서 |
| 한국투자미국배당귀족 증권자투자신탁 | 10년 이상 빠짐없이 고배당을 지급하는 미국주식에 투자하고 싶어서 |
| 피델리티글로벌테크놀로지 증권자투자신탁 | 고성장 테크산업의 성장률에 투자하고 싶어서 |

나는 위 10개 펀드에 매일 각각 1만 원씩 불입하면서 한국과 글로벌 시장의 추이를 지켜보며, 장기투자를 하고 있다. 10년을 투자 기간으로 정하고 5년 정도 지났는데, 최근의 경기침체로 원금 수준에 머물고 있다, 5년 뒤에는 경제성장률을 뛰어넘는 수익률을 기대하고 있다.

## 자산관리의
## 최종 책임은 당신

우리나라 사람들은 대체적으로 금융기관 특히 은행을 신뢰하고 은행원이 이야기하는 것은 전반적으로 믿는 편이다. 현금을 상품처럼 만지고 필요한 금융거래를 안전하게 할 수 있는 기관으로 오랜 기간 인식되어 있어 그런 것이다.

30년 전으로 시계를 돌려보자. 은행은 국책은행을 제외한 시중은행만 있었고, 개인도 기업도 은행의 문턱이 높다 보니 은행에서 돈을 빌리기는 쉽지 않았다. 개인 및 기업에 대한 신용 및 담보를 평가해서 대출금액과 금리가 정해지는데, 평가 기준 및 실행하는 것에 담당자의 재량이 많았던 것 같다.

지금이야 컴퓨터 전산에 관련 항목을 입력하면 개인 및 기업에 대한 신용점수가 산정이 되고 거래실적 및 기여도 평가가 일사천리로 진행된다. 일반 기업체에 다니는 개인은 당일에, 기업의 경우는 늦어도

2~3일 안에 평가결과를 알 수 있다.

특히 건강보험료를 납입하는 직장인의 경우, 보험료 납입 자료를 근거로 재직증명서, 소득증명원 등의 자료제출 없이 신용대출의 전체한도와 금리수준을 10분 안에 알 수 있고, 국내 인터넷은행의 경우 10분 안에 대출금이 통장에 입금된다. 주요 시중은행의 경우 당일, 또는 익일에 입금되는 것이 일반적이다.

적금, 예금금리도 인터넷에서 몇 번 클릭만 하면 어떤 은행의 금리가 더 높은지 바로 알 수 있고, 인터넷 또는 모바일뱅킹 스마트폰으로 은행 업무를 처리하는 것으로 손안에서 터치 몇 번으로 원하는 상품을 가입할 수 있다.

출처 : Pixabay

대출의 경우는 개인별 신용평가가 필요하고, 타 금융기관의 대출 잔액 등의 조회가 필요해서, 여러 번의 대출 신청 기록은 대출 신청하는 고객에게 조금 불리하게 적용될 수 있다.

그럼에도 불구하고, 서민금융대출, 정책자금대출 등 대출 신청 자격이 특별히 정해지지 않는 경우는 다음과 같은 공식으로 생각하면 된다.

직장인인 나의 신용대출한도 =
전년도 기준 연봉 총액 - 타 금융기관 대출 잔액

개인 대출 적용 금리 =
적용 기준금리 + 가산금리 거래실적에 따라 차감 가능

과거의 은행은 적금, 예금 상품만 판매했었다. 현재는 은행의 신탁, 자산운용사의 펀드상품, 보험사의 변액보험 실적배당상품이 포함된 보험 등 원금이 보장되지 않는 다양한 투자상품을 판매하고 있다. 그만큼 자산을 운용할 수 있는 선택의 폭이 넓어진 것이다.

반면 실적배당상품은 은행의 예/적금 상품 대비 높은 수익을 기대할 수 있으나, 상품의 해지시점과 시장의 변동상황에 따라 원금을 하회하는 수익률을 기록할 수 있고, 원할 때 상품해지를 못 해 주로 사모펀드가 해당됨 유동성이 제한받는 경우도 발생한다.

금리와 이자가 시장의 평균을 하회하더라도 원금을 절대 잃으면 안 된다는 투자자는 은행의 예/적금, 우체국 예금 등 원금과 이자가 보장된 상품만 가입하면 된다.

아무 생각 없이 은행에는 예금과 적금상품만 가입하고 투자상품은 증권회사에서 가입하는 투자자도 있다. 그러나 투자상품을 포트폴리오 분산투자 차원에서 가입하는 경우라면 은행과 증권회사의 판매상품을 잘 분석, 파악해 보고 나에게 적당한 상품을 가입하는 것이 바람직하다.

똑같은 투자상품 종류가 판매된다고 했을 때, 기대수익률이 높아서 좀 더 공격적으로 상품 구조를 만드는 곳은 증권회사이다. 증권회사는 주식과 채권 등의 상품을 직접 매매하는 곳으로 원금손실의 위험도 높고 기대수익도 당연히 높은 상품을 선호하는 투자자를 위해 관련 상품을 준비한다.

은행 고객의 경우는 증권회사 거래 고객보다, 좀 더 안정 지향적이고 보수적인 투자를 선호한다. 수익이 더 발생하는 것도 좋지만 원금의 보존도 했으면 좋겠다는 생각이 더 강하다.

국내 은행에 펀드상품이 처음 판매된 지 20년 이상이 되었고 그동안 2008년 글로벌 금융위기, 사모펀드 사태 등 투자원금손실로 고통을 경험한 은행 고객이 적지 않음에도 불구하고 이러한 은행 거래 고객의 안정 선호 성향은 아직 바뀌지 않고 있다.

예를 들어, 대표적인 투자상품인 ELS 상품을 판매하더라도 은행에서는 정기예금보다 플러스 2~3% 정도 높은 기대수익의 상품<sub>현재 정기</sub> <sub>예금 1년제 금리가 연 4%이면 은행 판매 ELS의 기대수익률은 6~8%짜리 상품을 판매한다.</sub> 반면 증권회사에서 판매하는 ELS의 경우는 상환확률이 조금 낮아지기는 하지만 은행 정기예금금리의 2배 수준 이상<sub>약 10% 이상 기대수익</sub> <sub>률</sub>의 상품을 선정하여 판매하는 것이 일반적이다.

정부에서 국민을 위해 여러 복지제도를 운영하고 있다. 물론 나라가 제공하는 공적혜택을 받기 위해서는 세금납부가 필수이다. 노후가 되면 국민연금, 노인연금 등을 받는 것을 기대할 수 있고 매달 납부하는 건강보험료로 보편적인 의료혜택을 받고 있는 것은 사실이다.

하지만 대부분의 국민들은 국민연금 외에 별도로 개인들이 노후를 걱정하여 개인연금 및 개인형 IRP 상품에 꾸준히 일정 금액을 납부한다. 의료비의 경우에도 건강보험료 외에 개인은 실비보험을 하나씩 가입하여 건강보험에서 커버하지 못하는 의료비 부분을 지원받고 있다.

정부가 아무리 국민의 복지를 위해 최선을 다한다고 하더라도, 부족한 부분 틈새는 항상 있고, 보편적인 복지를 지향하기 때문에 개개인의 특화된 복지는 기대하기 어려운 것이 현실이다.

출처 : Pixabay

따라서 누가 뭐라고 해도 <sup>대통령이, 정부정책 담당자가~</sup> 보편적인 복지와
정책은 내가 기대하는 나의 눈높이에는 항상 부족할 것이다.

하물며 사기업인 은행에서 관리해 주는 나의 자산은 어떨까?
어떠한 강도의 책임감과 선의의 관리자 정신으로 대할까?

30년 은행생활을 하며 자산관리의 전문가라고 자부하는 나도 나의
자산을 관리하는 것이 때로는 귀찮고, 내가 내 자산을 관리하는 데도
세심하게 체크하고 필요에 따라 리밸런싱하는 것이 쉽지 않다.

그런데, 100~300 명 정도의 고객을 관리하는 은행직원의 고객자
산관리와 집중도는 어느 정도 기대하는 것이 합리적일까?

상품의 만기가 되기 전 만기 안내, 신상품이 나올 때 상품 안내, 투
자상품 수익률에 큰 변동이 있을 때 안내, 정도가 아닐까?

이마저도 은행의 직원평가 항목에 이러한 관리항목이 있으면 좀 더 기계적으로라도 실시될 수 있지만, 그렇지 않은 경우라면 위 사항도 기대하기 쉽지 않다.

따라서 무엇보다 나의 금융자산관리에서 중요한 것은, 내가 나의 금융자산에 관심을 가지는 것이다. **다른 누가 알아서 잘해주겠다는 이야기를 믿지 않는 것에서 출발한다.**

그리고 나의 자산이 보관 관리되고 있는 **금융기관에 나의 관심도를 주기적으로 표현하는 것이 중요하다.** 1달에 한 번 또는 분기에 한 번, 적어도 6개월에 한 번은 은행에 가서 나의 자산의 관리현황에 대해 물어보고 이상 여부도 확인하고 리밸런싱의 의견도 물어본다.

**당신이 은행의 직원을 더 자주 만나면 만날수록 당신의 금융자산은 녹이 슬지 않고 자주 닦은 구두처럼 빛이 날 수 있다.**

은행도 매월 대출자에게 이자 납입에 대한 안내와 신상품이 나오면 문자만 보낼 것이 아니라, 일정 규모의 자산을 예치한 고객에게는 주기적인 방문상담을 통하여 본인의 자산관리 상태를 점검하라고 안내해야 한다.

매년 건강검진 기관에서 검진 안내 메시지가 날라온다. 치과 치료를 받는 경우에도 3개월, 6개월 단위로 정기검진을 하라고 메시지가 온다. '별 이상 있겠어?' 하면서 무시할 수도 있겠지만 병원을 방문하여 예상하지 못한 이상을 확인하고 치료받는 경우도 있다.

나의 자산을 예치하고 관리하는 금융기관인 은행도 고객의 자산건강 체크 안내와 관리제도를 제대로 운용하는 것이 필요하다.

거래하는 은행으로부터 '고객님이 자산관리 점검을 한 지 3개월 또는 6개월이 경과하였습니다. 자산관리 팀장과 약속을 정하여 편한 시간에 자산관리 체크를 받으시기 바랍니다.'라는 메시지를 받았으면 좋겠다.

**기억해라.**
**나의 자산의 운용 결정, 결과의 책임은 온전히 나의 것이다.** 투자한 상품에서 손실이 발생해도 그 손실을 회복하거나 보상받을 길은 없다.

출발은 나의 금융자산에 대해 꾸준히 관심을 가지고 주기적으로 체크하는 것이다.

은행의 담당직원에게 내가 나의 자산을 관리하는 데 관심이 많다는 것을 주기적으로 알려주면, 그 직원의 주요고객 10명 안에 당신이 들어간다. 그러면 남들보다 더 제대로 된 관리를 덤으로 받을 수 있다.

# 리스크 관리와
# 포트폴리오 다변화

'인지적 인색자'라는 단어를 들어보았나? 사람들은 일반적으로 인간이 상식적이고 합리적으로 행동한다고 생각한다. 그런데 그러한 가정은 교과서에 이론적으로 적혀 있는 것이고 현실 사회에서는 예외가 수없이 발생하고, 동물과 같이 즉흥적인 행동으로 일을 처리하는 경우도 많다.

'인지적 인색자' : 인간은 사물에 대한 인식/인지를 할 의사결정을 하려고 할 때 극히 적은 정보에만 의지하여 재빨리 판단을 한다. 여기서 '인색자'를 '구두쇠'로 바꿔도 의미가 동일하다. 즉, '인간은 복잡한 상황에 머리를 써서 노력하는 것을 전반적으로 싫어한다'는 의미로 해석된다.

사람은 단순한 의사결정, 복잡한 상황의 의사결정 시 뇌의 사용 정도가 달라진다. 오늘 점심 메뉴로 '짜장면이냐, 짬뽕이냐'를 결정하는 것은 그리 많이 고민할 필요가 없다.

그러나 자동차를 구입하거나, 새 아파트를 매입하려고 할 때에는 상당한 고민을 해야 한다. 몇천만 원이 드는 자동차, 최소 수억 원이 드는 아파트 매입은 시간도 많이 소요되고 여러 가지 검토 노력이 필요하다.

자동차의 경우, 여러 브랜드를 검토하고 배기량, 하이브리드/전기차 여부, 옵션 등의 조건을 알아보고, 차를 언제 인도받을 수 있는지 등 다양한 검토가 필요하다. 새 아파트를 사려고 하면, 주변의 여건교통, 학군등, 향후 투자성, 아파트 브랜드, 대출한도 등 다양한 분석과 현장을 여러 번 방문하여 확인하는 발품도 필요하다.

이처럼 짜장면, 짬뽕을 결정하는 단순한 선택과 자동차와 새 아파트를 구입하는 선택은 소요되는 시간과 검토하는 노력에서 많은 차이가 나는 것이 당연하다.

출처 : Pixabay

그럼에도 불구하고 인간은 '인지적 인색자'의 DNA가 있어서 복잡하고 어렵게 선택해야 하는 결정도 단순하고 빨리 결정하려고 한다. 그리고 내가 신경을 쓰지 않아도 '저절로 알아서 잘되면 좋겠다'라는 근거 없는 상상을 한다.

컴퓨터, AI 등은 모든 사물을 있는 그대로 인식하고 저장한다. 즉 사진처럼 찍어서 보관하고 있는 셈이다. 그리고 필요할 때 저장되어 있는 정보에서 선택한 사항을 콕 집어서 꺼내고 분석한다. 미리 정해진 조건을 입력하면 다른 명령이나 멈춤 지시가 있을 때까지 지속적으로 꾸준한 관리가 가능하다.

반면, 사람은 컴퓨터처럼 모든 것을 있는 그대로 저장할 수 있는 용량이 부족하다. 또한 그렇게 하려고 한다고 해도 용량 부족으로 기존에 저장한 걸 비우든지, 계속 정보를 쌓으려고 한다면 미쳐버릴지도 모른다.

따라서 일반적으로 인간은 'Peak & End'를 좋아한다. 즉 과거에서 제일 좋았던 때, 전성기Peak, 정점를 기억해서 '내가 말이야 한때는 잘 나갔는데'하면서 '라떼'를 자주 마신다. 그리고 최근의 현안End을 제일 관심 있게 집중하고 기억하려고 한다.

복잡하고 시간이 필요한 중요한 결정이 필요한 사안에 대해서도 인간은 단순하고 빠르게 결정하려고 한다. 그렇게 해야만 뇌의 사용을 줄이고, 한정된 용량의 뇌로 버텨낼 수 있는 것이다.

그래서 한번 누구를 믿게 되면, 특별한 일이 발생하지 않으면 계속 신뢰를 하게 되고, 기존의 진행되던 일이 있으면 그대로 계속 이상 없이 될 거라고 생각한다. 시시각각으로 영화에도 나오면 믿지 않을 일들이 계속 현실에서 일어나는데도 말이다. '지금부터 전 세계가 마스크를 쓰면서 생활할 거야!'라고 수년 전에 이야기했다면 누가 믿었을까?

자산관리 분야도 그렇다. 대부분의 사람들은 어렵게 힘들게 모은 목돈을 금융기관에 여러 가지 상품으로 맡겨두고는 크게 관심을 가지지 않는 것이 일반적이다. 대형 금융기관에 맡기고 담당직원까지 정해졌고, 잘해달라고 부탁까지 했으니, 내가 큰 신경을 쓰지 않아도 '알아서 잘해주겠지!'라고 큰 오해를 한다.

30년 동안 대형 은행에서 근무를 하고, 그중 상당 기간은 투자상품 분야, 자산관리 파트에 몸담았다. 그럼에도 불구하고 **정작 나의 금융자산을 꼼꼼하고 주기적으로 관리하는 것이 때로는 귀찮고 번거롭게 생각이 든다. 하물며 100~300명 정도의 고객을 관리하는 금융기관 담당자는 어떨까?**

금융기관 직원은 나의 자산을 안전하게 보관·관리하여 주고, 나의 운용지시를 충실히 실행만 해주어도 만족을 하는 것이 맞지 않을까?

대형 금융기관의 자산관리 전문가에게 맡기기만 하면 '내 자산처럼 알아서 잘 관리해 주겠지!'라고 전적으로 믿을 수 있으면 좋겠지만, 현실은 그렇지 않다.

따라서 나 스스로 나의 금융자산을 관리하고 결과에 책임을 지는 자세가 필요하다.

은행에 정기예금으로 맡겨두고 필요할 때만 찾아서 쓰면 큰 고민이 필요 없다. 그러나 최소한 시장의 기준금리와 물가상승률을 감안한 수익률보다 나은 수준의 성과를 거두려면 몇 가지 기본적인 관리자세가 필요하다. 그리고 거기에 위험을 관리하는 리스크 관리도 필수이다.

### 첫째, 포트폴리오 관리가 필요하다.

포트폴리오Portfolio란 본래 서류가방이나 서류집을 뜻하는 단어이다. 자금을 다루는 재무분야에서 포트폴리오는 "계란을 한 바구니에 담지 마라" 는 격언에서 알 수 있듯이 주식이나 투자상품을 한 분야에 집중투자 하면 문제가 발생할 때, 전체 자산에 피해가 똑같이 발생하기 때문에 다양한 자산과 시기를 분산하여 투자하라는 의미로 해석된다.

요즘처럼 복잡하고 빠르게 변하는 금융환경에서는 좀 더 분산의 개념이 확대된다. 계란을 여러 바구니에 담더라도 한 캐비닛에 올려두면 그 캐비닛이 쓰러지는 경우 모든 바구니의 계란이 깨질 수도 있다. 따라서 **바구니뿐만 아니라 캐비닛도 분산하고, 창고도 분산하고, 더 나아가 장소도 분산하여야 발생할 수 있는 여러 위험에 대비가 가능한 것이다.**

주식, 채권, 부동산 등의 자산에 골고루 분산투자 하는 것은 기본이고, 관련 투자지역도 국내와 해외로 분산하고, 선진국과 이머징마켓에 분산하고 투자 기간도 단기, 중기, 장기로 나누어서 투자하는 것이 바람직하다.

**둘째, 무엇보다 위기상황에 대비하여 6개월~1년 정도의 생활비 자금**은 정기예금이나 MMF 등의 유동성 상품에 예치하여 만일의 사태에 대비하는 것이 필수이다.

투자는 항상 리스크와 수익을 동반한다. 개인 투자자들은 자신의 리스크 허용 수준을 파악해 보고, 이에 따른 적절한 리스크 관리 전략을 실행해야 한다.

– 투자상품별로 손실 감내 수준이 어떤지 자신의 경험에 따라 원칙을 정하고 이에 근접하면 리밸런싱을 실시한다. 예를 들면, 개별 주식의 투자 시 20% 정도의 손실규모가 되면 매도를 한다. 펀드상품 투자 시 10% 이상의 손실이 발생하면 매도한다. 이와 더불어 플러스 20%, 30% 등 수익이 발생하는 경우에 매도하는 등 본인만의 투자전략 및 원칙을 미리 정하여 실행하는 것이 바람직하다.

– 시장의 기준금리 추이에 맞추어 자산의 비중을 적정하게 조정한다.
금리가 계속 올라간다면 부동산시장이 장기적으로 침체할 가능성이 있으므로 빨리 매각을 서두르고, 금리가 하향추세로 전환하는 모습이 보이면 부동산시장에 관심을 가지고 매입하는 전략을 취하는 것이다.

더불어서 나의 자산관리에 필요한 사항을 정리하면 다음과 같다.

① 항상 나의 금융자산관리에 관심을 가지자.

관심을 가지면 평소 보이지 않는 것이 보인다. 금리 추이, 환율변화 등 경제변수와 나의 자산 포트폴리오 현황을 지속적으로 점검하고 체크하는 것은 자산관리의 출발점이다.

② 아무도 믿지 마라.

세상의 그 누구도 <sup>가족까지도</sup> 나만큼 나의 자산관리에 관심이 있을 수 없다는 것을 명심하라. '나만큼 나의 자산을 생각해 줄 사람은 없다'는 것을 평소에 늘 생각하라.

③ 주기적으로 금융기관을 방문하라.

내가 관심을 가지는 만큼, 금융기관 담당자도 나의 금융자산관리에 관심을 가지게 된다. 1년에 한 번 방문하는 고객, 매달 정기적으로 방문하여 자기 자산관리에 관심을 표명하는 고객, 당신이 금융기관 직원이라면 어떤 고객의 자산을 더 충실하게 관리하려고 노력할까?

적기에 더 좋은 상품소개를 기대하기보다, 금융위기나 상품에 문제가 발생할 때, 다른 고객보다 먼저 더 나에게 연락을 해줄 수 있는 관계를 평소에 유지하는 것이 중요하겠다.

위의 세 가지보다 더 중요한 것은, '**저절로 잘되는 것은 세상에 하나도 없다**'는 문장을 **명심하고 내가 나의 금융자산에 관심을 가지고 노력해야 한다**는 것이다.

# 금융 교육과
# 개인 자산관리 방법

## 금융 교육의
## 중요성과 방안

우리는 정규교육 기간 동안 다양한 교과과정을 배운다. 여기서 배우지 못하는 것 중 하나는 결혼과 부모에 대한 교육이다. 결혼생활을 30년 하고, 부모로서 경험도 오래되었지만, 매번 모르는 것투성이다. 그나마 긴 시간의 경험이 쌓이면서 대처능력이 늘어나게 되었다.

우리가 살아가면서 가장 중요한 소속이 가정인데, 가정에서 가장 중요한 결혼, 육아 등에 대한 내용은 교과과정에 등장하지 않는다. 우리가 참고할 수 있는 건, 우리의 부모가 우리에게 보여주는 행태가 교과서가 될 수 있다. 좋은 사례는 본받고, 나쁜 사례는 타산지석으로 삼는 것이다.

젊은 시절에는 몰랐는데, 50 중반이 넘어가는 중년이자, 기성세대가 되면서 처음 사람을 만날 때 자라온 환경을 보게 된다. 영화 '친구'에서 "아버지 뭐 하시노?"라고 묻는 것이 지극히 정상적인 질문으로 다가온다. 배우자를 선택할 때에도 어떤 환경 아래에서, 부모님의 성품은 어떠신지가 중요하다고 이제는 아들, 딸에게 이야기한다.

앞으로의 가정생활, 부부생활에 대해서는 따로 가르치는 정규교육기관이 없는데, 자라온 가정환경이 중요하고 이를 가르쳐 주는 교사는 바로 부모님이기 때문이다.

출처 : Pixabay

대학에서 경제 관련 여러 과목을 강의하면서, MZ세대인 현 대학생들이 경제의 기본지식이 제대로 잘 갖춰져 있지 않은 것에 대해 가끔 놀라곤 한다.

은행이 어떤 업무를 하는지, 예금과 적금의 금리 계산방법이 어떻게 다른지, 대출은 무엇인지에 대해 모른다.

주식과 채권은 어떻게 다른지, 원금보장 상품, 투자상품은 어떻게 다른지 고등학교 때까지의 교과과정에서 알려주지 않는다. 설령 대학교를 졸업하더라도 경제 관련 과목을 수강하지 않으면, 기준금리의 추이가 경제에 미치는 영향이라든지, 언제 은행에서 대출받는 것이 적당한지 등에 내용을 알 수 없게 되어 있는 교육시스템에 살고 있다.

사회에 진출하면, 우리는 월급을 받고, 그 소득으로 상품을 소비하고, 미래를 위해 저축과 투자를 하며, 주택을 임대하거나 매입하여 주거생활을 하게 되어 있다. 첫발을 내딛는 조직과 회사에서 초보 시절의 시행착오를 몇 년 거치면 제대로 제 몫을 해내는 베테랑 직장인이 된다.

그렇다고 해서, 경제생활에 도움이 되는 교육을 받거나, 정보를 취득하거나 하는 일은 금융업에 진출하지 않으면 발생하지 않는다. 자기가 몸담고 있는 회사, 부서의 특정 분야에만 전문가가 되어가는 것이다.

힘들여 노력한 대가로 받는 소득으로 경제생활을 제대로 누리려면 경제의 기본상식이 필요하다. 생활자금을 쓰고 남는 돈, 또는 쓰기 전에 미리 얼마를 뚝 내어내 미래를 위해 저축한다. 안전한 정기예금, 하이리스크 하이리턴의 주식, 간접투자상품인 펀드, 비교적 장기투자를 하는 채권까지 다양한 상품이 있는데, 이 상품에 대해 제대로 배울 기회가 없다.

**돈을 투자하여 많이 버는 것보다, 잘못된 상식과 나쁜 사람의 꼬임에 의해 허망하게 돈을 잃는 일은 없어야 한다.**

아래와 같이 학교 교과과정, 관공서, 일반 회사에서도 경제의 기본상식을 가르치고 배울 수 있는 기회가 제공되기를 희망한다.

- 고등학교 교과과정에서 경제의 기본적인 내용을 가르쳐야 한다. 기초 경제학, 기본적인 금융상품, 기준금리, 환율 등에 대한 것은 사회에서 경제활동을 할 때 필수적인 상식이다.

- 대학 교과과정에서도 1학년이면 필수 교양과목으로 경제학원론, 투자상품 등의 기본적인 과목을 이수하게 되면, "위험 없이 고수익을 보장할 테니 투자해라, 나만 믿고 돈을 투자해 봐, 최소 100% 수익은 올려줄게!" 등의 이야기를 들을 때, "그건 경제의 투자 기본상식에 맞지 않는다고 배웠어" 하고 쉽게 뿌리칠 수 있을 것이다.

– 주민센터<sup>동사무소</sup>나 구청 등 지역별 관공서에서 주기적으로 경제의 기본 공부, 상식을 가르치는 강좌를 열어서, 일반 국민들이 쉽게 경제상식을 접할 수 있도록 해야 한다. 또한 일정 규모 이상의 회사에서도 신입사원 기본과정에 넣어서 교육을 실시하여 앞으로의 미래 재무계획을 세울 수 있는 기본지식을 배양할 기회를 주어야 한다.

　몇 가지 기본적인 필수 경제용어와 투자상품에 대하여 간략하게 알아보자.

　경제용어 중에는 아래의 기본용어에 대한 개념은 최소한 알고 있어야 한다. 알기 쉽게 설명해 보겠다.

　금리 : 돈의 가격이다. 마트에서 각 상품마다 가격표가 붙어 있듯이 가치가 포함되어 돈이 거래된다. 시중에 돈이 많이 풀리면 돈의 가치가 떨어져서 이 가격인 금리는 떨어지고, 반대로 시중에 돈이 부족해지면 가치가 올라가서 금리는 오르게 된다.

　기준금리 : 각국의 중앙은행에서 결정하는 정책적 금리를 말한다. 한국은 한국은행 금융통화위원회에서, 미국은 미국연방준비은행의 FOMC 회의에서 주기적으로 결정한다. 각 나라의 예금과 대출거래가 일어날 때 기준이 되는 금리로, 이 기준금리의 변화추이로 경제의 호황, 불황을 예상할 수 있다.

환율 : 한 나라의 화폐가 다른 나라의 화폐로 교환되는 비율을 말한다. 미국의 1 달러를 한국 원화를 1천3백 원에 살 수 있다면, 원달러 환율이 1천3백 원이라고 이야기한다. 원화의 교환비율이 1천5백 원으로 오르면 원화가치가 떨어졌다고 하고 1달러를 1천3백 원에 사다가 2백 원을 더 주고 사야 하니까 원화가치는 떨어지고 달러가치는 오른 것이다., 반대로 1천2백 원으로 내려가면 원화가치가 상승했다고 1달러를 1천3백 원 주고 사다가 1백 원 내린 가격에 살 수 있으니 원화가치는 오른 것이고 상대적으로 달러가치는 싸진 것이다. 이야기한다. 수출기업이나 수입기업에서는 환율의 변화로 상품에서 발생하는 손익 외에 환차익, 환차손이 발생할 수 있어 관리가 필요하다.

물가 : 모든 상품 가격의 평균적인 수준을 말한다. 물가의 움직임을 물가지수라고 하는데, 기준이 되는 시점의 물가를 100으로 하고, 평가시점의 물가를 백분율%로 표시한다. 기준시점 대비 평가시점의 물가지수가 130이라고 하면, 기준시점보다 30%의 평균상품 가격이 오른 것을 의미한다. 소비자물가지수, 생산자물가지수도 계산하여 활용한다.

인플레이션 : 물가가 지속적으로 상승하는 현상이다. 경제의 성장에 따라 물가가 꾸준히 오르는 것은 좋은데, 지나치게 오르면 경제에 많은 부작용이 발생한다. 각국의 금융당국은 연평균 2% 정도의 물가상승률 유지를 목표로 관리한다. 인플레이션의 반대되는 디플레이션은 경기불황이나 침체 시 물가가 하락하는 것이다.

상품에는 예금, 적금, 주식, 채권, 펀드, 파생상품 등에 대해서 개념을 파악할 수 있도록 간략하게 설명한다. 더 자세한 내용은 별도로 세부적인 공부가 필요하다. 공부한 만큼 알게 되고, 아는 만큼 보이게 되고, 어이없게 돈을 잃을 확률을 줄여준다.

예금과 적금 : 원금과 이자가 보장되는 상품이다. 한국에서는 금융기관별로 원금과 이자를 합하여 5천만 원까지 법적으로 보장된다. 예금은 목돈을 예치하고 일정 기간 후에 원금과 이자를 함께 받는 상품이다. 적금은 일정 금액을 꾸준히 불입하여 만기에 원금과 이자를 같이 받는 상품이다.

주식 : 기업의 소유권이 부여된 증서이다. 주식을 보유한 주체를 주주라고 하며 해당 기업에 대해 지배권과 이익배당청구권을 보유한다. 기업의 규모를 성장시키기 위해 주식회사가 자기자본을 조달하기 위해 발행한다. 이자와 원금을 상환할 의무가 없어서 기업 입장에서는 상대적으로 부담이 없는 자금조달 방법이다.

채권 : 채권발행자기업가 채권보유자에게 채무를 지고 있다는 증서이다. 채권발행자채무자는 채권보유자에게 수익의 발생 여부와 관계없이 미리 정해진 이자를 지급하고 만기에 원금을 상환해 줘야 하는 의무가 있다. 채권은 원금과 이자의

상환기간이 발행하는 시점에 정해져 있는 증권이다.

주식과 채권의 비교 : 주로 기업에서 자금을 조달하는 대표적 수단으로 아래와 같은 차이점이 있다.

| 구분 | 주식 | 채권 |
|---|---|---|
| 자본 성격 | 자기자본 | 타인자본 |
| 보유자 지위 | 주주, 경영권 보유 | 채권자, 경영권 없음 |
| 발행기관 | 주식회사 | 정부, 지방자치단체, 주식회사 |
| 만기 | 만기 없음 | 만기 다양함 |
| 투자성향 | 공격적 투자에 적합 | 안정적 투자에 적합 |

펀드 : 투자자로부터 자금을 모아 투자자를 대신하여 펀드매니저가 운용을 하고 투자결과를 투자자에게 돌려주는 상품이다. 운용하는 상품 내용에 따라, 주식형 펀드, 채권형 펀드, 혼합형 펀드로 구분된다. 제한 없이 자금을 모집하고 운용하는 공모펀드와 소수의 일정 규모 이상의 자금을 모아 운용을 하는 사모펀드로 나누어진다.

파생상품 : 주식, 채권 등의 기본 상품을 토대로 미래가격이 어떻게 되는가에 따라 가치가 결정되도록 만든 상품이다. 선물, 옵션, 스왑이 대표적인 상품이며, 상품의 배합과 구조를 어떻게 조합하는가에 따라 다양한 상품이 만들어질 수 있다. 주식, 채권 등의 투자상품은 최대 손실금액이 원금까지이지만, 파생상품은 원금 이상의 손실도 가능하므로 투자에 더 유의해야 한다.

# 현명한
# 금융자산관리 방법

오랜 기간 다양한 분야의 고객들과 상담하면서 해당 분야엔 전문가이지만 정작 본인의 금융자산관리에는 초보 수준을 가지고 있는 경우를 여러 번 경험하였다.

유명한 의사 선생님, 대기업 임원을 역임한 고객, 다양한 분야 기업의 대표들, 모두 해당 분야에서는 내로라하는 전문지식과 경험을 가지고 있다. 그 분야에 대해서 교육과 발표를 하라고 하면 아마 하루 종일 시간을 주어도 부족할 것이다.

그런데, 본인의 금융자산관리를 제대로 잘 해내는 전문직종의 전문가 또는 대표들은 잘 보지 못했다. 만나 본 고객의 약 5% 내외 정도가 그나마 잘하는 우등생 측에 들어갈 것 같다.

일반 고객들의 경우에는 직장생활에 쫓기다 보니, 생각보다 자산이 많지 않다고 생각해서, 금융지식이 부족해서 등 다양한 이유로 금융자산관리에 대부분 소홀하고, 어떤 경우는 몇 년 동안 만기가 지난 금융상품을 방치하는 경우도 있다.

**기본적인 사항을 정하고, 관리하면 최소한의 기본은 지킬 수 있다.**
하나씩 살펴보자.

① 목표와 위험 허용도 설정

자산을 관리하기 위하여 자산별 목표치를 정하는 것이 중요하다. 금융자산은 ○억 원, 부동산 자산은 ○○억 원 등 이루고자 하는 자산별 목표치를 정한다. 다음 자산별로 세부적인 목표치도 정한다.

금융자산의 경우 포트폴리오로 주식 ○○%, 채권비중 ○○%, 예금 등 유동성 비중 ○○%로 구분하고 항목별로 수익 목표와 손실 시 환매할 수준도 정한다.

이러한 목표를 정하지 않으면 자산관리가 제대로 이루어지기 어렵다.

출처 : Pixabay

② 다양한 자산 클래스의 활용

자산관리는 각 개인의 투자경험과 투자성향 등 본인에게 맞는 포트폴리오 구성이 필요하다. 중요한 것은 한쪽 분야에 너무 편중되는 것은 바람직하지 않다. 고수익을 선호한다고 해서 자산의 대부분을 주식에만 투자하는 것은 바람직하지 않다. 반면 원금손실을 무조건 회피하기 위해서 은행의 정기예금만 고집하는 것도 옳지 못한 방법이다.

주식, 채권의 직접투자상품과, 간접투자상품인 펀드, 부동산 부분에 분산하여 투자하자. 유동성 상품인 예금과 MMF 등 단기상품에도 1년 치 생활비 정도는 예치되어 있어야 보다 안정감 있고 여유 있는 투자관리가 가능하다.

③ 기간별 분산투자

투자상품별 분산투자 못지않게 기간별 분산투자 역시 중요한 항목이다. 투자 기간이 단기에서 장기로 갈수록 기대수익률이 높아지지만 대신 현금화할 수 있는 유동성 부분은 취약해진다.

따라서 본인의 자금 소요계획을 캘린더에 기록하고, 기간별 또는 목표 시점별로 필요한 자금을 표시하고, 대상기간에 맞추어 상품의 만기 및 해지 시점, 예상 수익률을 정하고 주기별로 변경사항을 점검하는 것이 좋다.

④ 정기적인 리밸런싱 금융기관 방문 포함

정기예금을 장기로 가입하면 원금과 이자에서 손실이나 변동이 발생할 위험은 없다. 대신 금리가 상승하면 상대적인 평가손실이 발생한다. 3%대 금리로 가입하였는데, 시중금리가 5%로 상승하면 2%만큼 평가 손해가 발생하는 식이다.

경기상황에 따라 금리, 환율, 주가지수는 수시로 변한다. 이에 따라 내가 투자한 주식, 채권, 펀드, 부동산의 평가금액도 등락을 반복한다. 자금 소요계획에 따라 매치한 상품별로 평가금액 및 예상 추이를 예측하여 주기적인 수정계획을 세워 리밸런싱을 해야 한다.

그렇게 함으로써, 주기적으로 현재 상황에 맞는 최선의 자금운용계획을 실행할 수 있다.

처음에 한번 투자자산의 비율, 상품의 선정을 하고 리밸런싱을 하지 않는 것은, 봄에 모를 심어놓고 가을 추수까지 농부가 해야 하는 여러 가지 관리를 하지 않고 방치하여 한 해 농사를 망치는 것에 비유할 수 있다. 잡초도 뽑아주고, 태풍으로 벼가 쓰러지면 다시 세워주고, 물관리도 해야 하고, 병충해를 막기 위한 농약도 뿌리는 등의 관리가 나의 자산관리에도 반드시 필수적인 일이다.

2부

# 상식으로
# 접근하는
# 경제생활

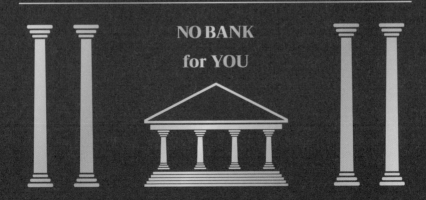

NO BANK
for YOU

2021년 2월부터 한국경제신문의 인터넷 칼럼 '더 머니이스트'에서 경제 관련 기사를 작성해 오고 있다. '하 박사의 쉬운 펀드'로 시작해서 현재는 '하준삼의 마켓톡'으로 좀 더 쉽게 독자에게 다가가려고 노력하고 있다.

그동안 게재되었던 기사 중 독자들이 **경제의 기본과 상식에 근거해서 경제를 바라보고 접근하면 좋겠다는 생각**에서 쓴 기사들을 엄선해서 실었다.

분명히 **'세상에 공짜는 없다'**는 상식이 있음에도 불구하고 '경제는 잘 모르겠다. 시간이 없다. 금융기관에 맡기면 알아서 해주겠지!' 하는 안이한 생각이 쌓이면 나의 금융자산은 산으로 강으로 간다.

**"세상은 아는 만큼 보인다"**는 말이 있다.

다음의 내용 정도는 기본으로 알고 있으면 돈을 버는 것보다, 최소한 자산을 방치하고, 내용을 몰라서 사기당하고, 또 허무하게 돈을 잃는 일은 없을 거라고 믿는다.

기사 제목 아래, 기사가 게재된 일자를 명기하였다. 해당 시점의 여러 상황을 고려하여 읽으면 도움이 된다.

# 기준금리를 알면
# 경제가 보입니다

(2023. 3. 16.)

기준금리, 한국경제 현주소 알려주는 좋은 지표

변화추이로 향후 경제흐름 예상할 수 있어

금리추세 살펴 보유자산 포트폴리오 조정해야

    2020년 5월 28일 0.5%로 변경된 한국의 기준금리는 꾸준히 올라서 2023년 1월 13일 3.5%로 1년 반 만에 무려 3%가 올랐습니다. 지난달 금융통화위원회에서는 기준금리를 3.5%로 유지하기로 결정했습니다. 한국은행 금융통화위원회는 전년도에는 물가가 이례적으로 급등해 매회 기준금리를 인상했지만, 이제는 시간을 두고 추가 인상 여부를 검토하겠다는 입장입니다.

서울 중구 한국은행 모습 (출처 : 게티이미지뱅크)

한국은행에서 발표되는 기준금리는 우리나라의 현 경제상황과 앞으로의 경제전망을 예상해 볼 수 있는 중요한 지표입니다. 물가수준과 환율, 국내외 경기동향 등 경제와 관련된 거의 모든 상황을 고려해한국은행에서 주기적으로 발표하고 있습니다.

기준금리란 무엇인지 살펴보고, 이를 투자자가 어떻게 받아들이고 활용할 것인지 알아보겠습니다.

기준금리는 은행의 은행인 한국은행과 시중은행들 사이에서 짧은 기간 동안 자금이 오갈 때 적용되는 금리를 말합니다. 한국은행은 물가를 조정하거나 이자율에 영향을 주려고 할 때 기준금리를 조종하는 방법을 쓰게 됩니다. 기준금리가 정해지는 전후 상황을 보면, 정부가 현재의 경제상황을 어떤 시각으로 보고 있는지도 유추해 볼 수 있습니다.

한국은행 홈페이지 기준금리 설명 참조

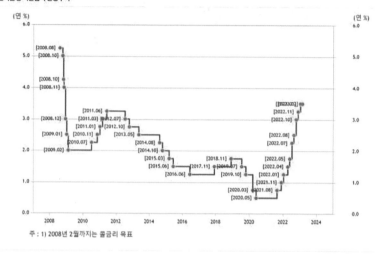

한국은행 기준금리 추이 출처 : 한국은행 홈페이지

우리가 '이자율'이라고 부르는 것은 개인이나 기업이 자금을 빌릴 때 적용되는 금리를 말하는데, 이것은 기준금리와 같은 방향으로 움직이는 것이 일반적입니다. 때때로 기준금리가 변경되기 전 미리 시장 이자율이 선반영돼서 막상 발표 이후 이자율이 움직이지 않는 모습도 보이지만, '기준금리가 변경되면 시장의 이자율도 바뀌겠구나' 하고 이해하면 됩니다.

위 그림에서 기준금리는 지난 1년 반 동안 무려 3% 만큼 상승했습니다. 이는 물가가 짧은 기간에 5% 넘게 상승하고 경제에 미치는 영향이 나빠져서, 이를 완화하기 위한 후행적인 조치라고 볼 수 있습니다. 2008년부터의 기준금리 변화추이를 보면 2008년 금융위기 이후 금리 급변동과 현재 코로나 팬데믹 이후 경기불황 상황에서의 기준금리변동 상황이 유사한 것을 볼 수 있습니다.

최근 1년여 상황처럼 기준금리가 단기간에 급격하게 올라가면 이자율도 같이 올라가서 돈의 가격이 비싸지고 자금의 흐름이 원활하지 못합니다. 즉 공급이 잘되지 않다 보니 기업은 생산을 줄이고, 소비자도 소비를 줄입니다. 따라서 경제는 침체의 상황을 맞습니다.

그럼에도 금리를 올리는 이유는 적정 물가수준 <sup>국제적으로 2% 수준을 기준으로 하고 있음</sup>을 초과하는 경우 이를 적정 수준으로 돌리지 않으면 더 나쁜 상황이 발생하고 이를 위한 강력한 수단이기 때문입니다.

일반 투자자의 입장에서는 기준금리의 변화에 대해 어떻게 대처하는 것이 바람직할까요?

**첫째, 현재의 기준금리를 지금의 경제상황을 이해하는 좋은 도구로 생각해야 합니다.** 매번 발표되는 물가지수 대비 기준금리의 수준은 정부가 현재의 경제상황이 정상인지 아니면 비정상이어서 별도의 조치를 취해야 하는 상황인지를 알 수 있습니다. 금융통화위원회 회의 이후 한국은행 총재가 발표하는 자료는 한국의 경제상황을 일목요

연하게 잘 설명해 줍니다. 증권회사가 매년 말 한 번 발표하는 주식전망 자료나, 여러 경제연구 단체에서 발표하는 경제시황 자료는 발표주기가 길고, 공신력이 떨어지는 단점이 있습니다. 반면 금융통화위원회가 거의 매달 결정하는 기준금리와 그 배경 설명은 한국의 경제현황과 그에 대한 정부의 대처방안을 읽을 수 있는 좋은 기회입니다.

이창용 한국은행 총재 출처 : 연합뉴스

**둘째, 기준금리는 현재의 경기상황과 향후 전망을 분석한 바로미터이므로 기준금리 자체보다는 변화추이에 관심을 가져야 합니다.** '현 기준금리가 3.5%이고 1년 반 전에는 0.5%니까 단기간에 참 많이 올랐구나' 생각하는 데 그쳐선 안 됩니다. '가파르게 오른 기준금리가 이번에 동결됐고, 재차 오르더라도 0.25~0.5% 수준으로 금리 오름세가 더 길게 지속되기는 어렵겠구나' 하고 '추세의 흐름'을 이해하는 것이 더 중요합니다. 즉 기준금리의 변화추이를 보고 경기가 침체로 갈지, 하방을 다지면서 상승세로 전환될지의 방향을 예측해 보는 것이 더 중요하다는 것입니다.

**셋째, 기준금리의 추이를 바탕으로 향후 경기흐름을 예상하고 보유 포트폴리오 조정에 적극 활용합니다.** 지금 바로 다음 달의 경기변화를 예측하는 것은 신의 영역입니다. 그러나 6개월 뒤, 1년 뒤의 경기 상황은 기준금리의 변화추이를 보고 대략적으로 예측이 가능합니다. 현재 고물가와 고금리로 인한 경기불황이 올해 연말을 지나서 내년에는 조금씩 나아지리라는 것을 기준금리의 변화추이를 보고 예상해 볼 수 있습니다.

지난달 이창용 한국은행 총재는 현재 5%의 물가상승률이 3월부터는 4%대로 낮아지고 올해 말에는 3% 초반으로 내려가는 경로를 예상하고 있다고 이야기했습니다. 이 말은 곧 '올해 말이 되면 금리인하를 예상해 볼 수 있고, 내년이 되면 경기가 조금 살아나겠다'는 의미로 해석할 수 있습니다.

이런 경기변화 전망을 가지고, 보유한 금융자산의 포트폴리오의 비중 조정을 하는 것은 중장기투자관리에 적절한 투자판단이라고 봅니다. 예를 들어 내년 금리하락을 예상하면, 예금이나 채권투자는 장기로, 주식은 우량종목 중에서 저평가된 종목을 지금부터 분산해 투자하고, 부동산의 경우 하락추세가 진정될 것을 감안해 가치가 있는 부동산을 선별 투자를 검토한다든지 하는 것입니다.

**기준금리는 현재의 경제상황과 미래전망을 알 수 있는 중요한 지표입니다.** 수출과 수입, 환율, 부동산을 포함한 경기동향, 대내외 정치

현상 등도 포함해 결정하기 때문입니다. 우리나라뿐만 아니라 미국 등 주요 경제관련국의 기준금리 추이, 우리나라와의 차이 등을 확인해 봅니다. 그리고 그러한 **추세와 차이를 알아보고 어떻게 경제방향이 갈 것인지의 경기전망은 나의 자산을 적절한 방향으로 운용하는 데 좋은 참고자료로 활용하시기 바랍니다.**

# 올바른 투자,
# 상식에서 출발합니다

2023. 5. 11.

**상식 근거한 투자방법으로 접근해야**

**연 7% 수익, 10년이면 자산가치 2배**

**직접투자 자신 없으면 간접투자인 펀드가 대안**

SG증권발 주가 폭락 사태가 계속 확산하고 있습니다. 관련 피해자들이 증가하자 금융당국과 검찰까지 대대적인 수사에 착수하고 있습니다. 일부 연예인 이름도 거론되고 수억 원에서 수백억 원을 투자해 손실을 보았다는 이야기도 나옵니다. 정작 해당 종목에 고점으로 투자해 큰 손실을 본 개미투자자들은 마땅한 해결방안이 없어서 안타까운 마음입니다.

투자 대상기업의 정확한 분석보다는 "누가 투자를 해서 거액을 벌었다. 절대 망할 수 없는 투자다" 등의 솔깃한 이야기와 초기에 수익을 보여준 뒤 목돈을 투자하게끔 해서 결국에는 큰 손실로 문제가 발생하는 건은 잊을만하면 터지는 유형입니다.

이번에는 CFD차액결제거래가 관련돼, 투자금의 일부만 가지고 투자해서 레버리지 거래를 하다 투자종목 하락으로 큰 손실이 발생한 사례가 다수 있었습니다. 즉 원금보다 더 많은 금액을 빌려서 투자하면서 손실금액이 원금 이하로 커지는 상황이 된 것입니다.

'대박 수익률, 확정 수익 제공'이란 말의 근거를 살펴보아야 합니다. 정부 또는 금융기관을 감독하는 기관에서 검토한 자료에는 '○○기관 심사필, 유효기간20○○. ○○. ○○~20○○. ○○. ○○'의 내용이 표시돼 있습니다. 최소한의 기본적 필수자료를 점검 및 확인했다는 의미입니다. 유튜브나 개인방송에서 나오는 자극성 있고 화끈한 멘트와 섬네일은 법적인 책임이 없습니다. 따라서 그저 '이런 이야기도 하는구나' 하고 참고만 하면 됩니다.

최근의 비정상적인 투자와 손실상황을 보면서 바람직한 투자방법을 생각해 봅니다. 투자도 상식으로 접근하면 문제 발생이 적어집니다. 합리적인 투자수익 목표와 본인의 자금으로 투자하면 실패확률이 적어집니다.

**첫째, 투자상품은 시장수익률의 2배 수준을 기준으로 검토합니다.**
필자는 대학에서 증권투자론을 강의하고 있습니다. 학생들에게 주식

투자 시 목표수익률에 대해 그냥 물어보면 50%에서 100% 사이에서 답이 나오는 경우가 많습니다. 그런데 투자금액을 1억 원으로 정하고, 수익뿐만 아니라 손실 가능성도 감안하라고 하면 목표수익률은 20% 대로 떨어집니다.

필자가 생각하는 보수적인 투자자의 목표 투자수익률은 정기예금 1년제 금리의 2배 수준입니다. 현재 대략적인 시중은행 정기예금 1년제 금리가 연 3.5% 수준이니 이의 2배는 연 7%입니다. 연 7% 수익률, 감이 잘 안 잡히죠?

소위 '70의 법칙Rule Of Seventy'이라고 불리는 공식에 대입해 보면 7% 의 수익에 대해 이해를 할 수 있습니다. 이 공식은 어떤 변수의 값이 매년 일정한 비율로 커진다고 할 때, 원래 값의 2배가 될 때까지 대략 몇 년이나 걸리는지를 계산하는 데 쓰이는 공식입니다

원금의 2배가 걸리는 기간 = 70 ÷ 수익률

이러한 식의 수익률에 7%를 넣으면 '70÷7=10'이 돼서, 매년 7% 수익률로 재투자가 된다면 10년이 지나서 투자금이 2배로 됩니다. 연간 7% 수익률이 작아 보일 수도 있습니다. 하지만 꾸준하게 수익이 발생하면 10년이 지나서 원금의 2배가 되는 것을 보여줍니다. 연간 15%의 수익률로 계속 재투자되면 원금의 2배가 되는 기간은 5년이 채 안 됩니다. 이를 참고해서 본인의 투자경험을 반영해 적정한 수익률을 산정

하면 됩니다.

**둘째, 내 돈으로만 투자합니다.** 전설적인 투자자 앙드레 코스톨라니는 "내 돈으로 산 주식을 가지고 있다면 시세 하락에도 평안할 수 있다"고 했고, 주가 하락기에 인내할 수 있으며 본연의 가치를 회복해 수익의 결실을 얻을 수 있습니다.

따라서 내 돈으로만 투자를 하게 되면 투자한 종목이 본질가치 아래로 하락했을 때 견딜 수 있고, 상장폐지 등 휴짓조각이 되는 최악의 경우에도 원금까지만 손실이 제한됩니다. 하지만 CFD거래처럼 파생상품 거래나 신용거래 등 레버리지 투자를 하게 되면 원금을 넘어서는 손실도 감수해야 합니다.

개별 종목 투자에 자신이 없거나, 손실 경험으로 투자가 두려운 투자자는 직접투자 대신 간접투자상품을 검토하는 것도 고려해 볼 만합니다.

**간접투자상품의 대표적인 펀드상품의 특징**은 다음과 같습니다.

**첫째, 합리적인 수익률을 기대할 수 있습니다.** 펀드는 유형마다 투자성과의 비교대상인 벤치마크가 정해져 있고, 각 유형의 우수펀드를 선택한다면, 벤치마크<sup>국내의 경우 코스피지수</sup>보다 우수한 성과를 기대할 수 있습니다.

**둘째, 분산투자로 위험관리가 가능합니다.** 펀드는 10개에서 30개 안팎의 종목으로 분산투자되고 1개 종목의 집중투자도 제한되어 시장 하락기에 손실 폭이 확대되는 위험을 분산시켜 줍니다.

**셋째, 전문가가 24시간 투자 고민을 대신해 줍니다.** 일반 개인 투자자는 바쁜 일상에 개별 투자종목 분석을 제대로 하기 어렵습니다. 어떤 종목을 언제 사고팔아야 적정한지를 나 대신 투자성과로 평가받는 투자전문가인 펀드매니저가 대신 고민해 줍니다.

**넷째, ETF 투자로 다양한 섹터에 실시간으로 투자할 수 있습니다.** ETF는 주식시장에 상장된 펀드로 2차전지, IT 등 다양한 산업 분야의 주요종목에 실시간으로 투자할 수 있어서 펀드투자 시 투자성과가 지연되는 단점과 투자 분야의 제한을 해소할 수 있습니다.

단 펀드투자의 경우에도 처음에는 인덱스펀드에 매월 10만 원씩 적립식으로 3년 이상 투자하는 것을 시작으로 펀드의 유형과 숫자를 늘리고 경험을 쌓으면 좋은 펀드를 고르는 안목이 생깁니다.

우리나라는 1960년대 후반에서 2000년대 전반까지 연평균 7% 수준의 경제성장을 이뤄 왔습니다. 10년마다 2배 규모로 경제 규모가 커진 것입니다. 그러나 현재는 연 2~3% 성장도 쉽지 않은 상황입니다. 이러한 저성장 국면에서 투자상품의 목표수익률을 정할 때, 합리적인 기준과 방법은 어떻게 될까요?

현재의 경제성장률과 정기예금<sup>1년제</sup> 금리 중 높은 것의 2배 수준을 투자상품의 목표수익률을 정하는 데<sup>벤치마크</sup> 참고합니다. 참고로 IMF 가 4월 11일 발표한 한국의 경제성장률 전망치는 1.5%이고 1년 기준 정기예금금리는 연 3.5% 수준입니다.

**본인의 투자경험과 투자성향, 투자하고자 하는 상품의 종류에 따라 가중치를 부여해서 목표수익률을 조정합니다.**

경제상황이 어려울수록, 복권처럼 대박 수익률을 기대하는 심리가 증가합니다. 그러나 소중한 목돈을 투자할 때에는 상식에 근거해서 상황을 분석하고, 적정 목표수익률을 세우고 관리하는 신중한 접근 이 필요합니다. 그리고 직접투자가 어려운 경우라면, 검증된 투자전문 가인 펀드매니저가 운용하는 펀드투자도 고려하는 것을 추천합니다.

# 돈에 꼬리표가
# 있나요?

(2023. 6. 14.)

**퇴직금 1억 원과 당첨금 1억 원의 무게**

**객관적 기준으로 자금 사용하는 건 불가능**

**용도별 계좌 만들어 분리 관리하는 게 합리적**

퇴직금으로 받은 1억 원과 복권에 당첨돼 받은 1억 원 중에서 여러분은 어떤 돈을 더 신중하게 사용할까요? 오랜 기간 회사에 근무해 받게 되는 퇴직금이겠죠. 그런데 가만히 생각해 보면 복권 당첨금 1억 원이라는 돈에 '복권 당첨금'이라는 꼬리표가 붙어 있진 않습니다.

주식을 투자해서, 200만 원의 수익이 발생했을 때 왠지 '공돈'이 생겼다고 생각합니다. 그 전에 500만 원의 손실이 발생했을지라도요. 따라서 평소 사고 싶었던 가방도 사고, 비싼 레스토랑의 맛있는 음식을 먹으러 가기도 합니다.

출처 : 게티이미지뱅크

이렇게 같은 돈인데, 돈의 출처나 사용 계획에 따라 마음속으로 가치를 다르게 정하고 각각 따로 관리하는 것을 **심적회계**mental accounting**라 하고, 마음의 회계장부라고 부르기도 합니다.** 즉 돈의 출처에 마음의 꼬리표를 달아놓고, 돈을 쓸 때도 그 꼬리표의 성격에 따라 사용합니다. 쉽게 번 돈은 마음 편하게, 어렵게 번 돈은 신중하게 사용처를 고민합니다.

만약 이와 같은 상황에서 자금을 컴퓨터나 인공지능AI이 관리한다면 어떻게 할까요? 지금 주식에서 이익을 보더라도 과거에 입은 손실을 감안해 지출을 할 겁니다. 그리고 퇴직금으로 받은 1억 원과 복권 당첨으로 받은 1억 원의 출처와 상관없이 사전에 정한 우선순위에 따라 자금을 집행할 것입니다.

사람들은 자신이 좋아하는 일이나 취미에 쓰는 돈인지, 생활을 유지하기 위해 쓰는 돈인가에 따라 마음에서 중요도를 정하고, 똑같은 금액이라도 기분 좋고 편하게 또는 깐깐하고 어렵게 사용하기도 합니다.

우리나라 주부들은 대부분 알뜰합니다. 마트에서 두부, 계란을 살때에도 품질과 가격표를 꼼꼼히 확인해 장을 봅니다. 그런데 미용실에서 몇만 원이 드는 머리를 할 때에는 가격을 깎기보다는 어떤 만족을 얻느냐에 관심을 둡니다.

출처 : 게티이미지뱅크

MZ세대들은 아이돌 콘서트 티켓에 비교적 큰 비용을 아낌없이 쓰고, 반려견과 반려묘를 키우는 데 들어가는 사료·미용 비용도 생각보다 많이 지출하는 경우가 많습니다. 그런데 매달 내야 하는 공과금과 식비, 월세 비용 등은 꼼꼼하게 지출내용을 분석하고 어떻게 하면 한

푼이라도 더 줄일 수 있는지 고민을 합니다.

이렇게 사람들은 똑같은 돈이라도 사용할 때, 객관적 지표에 의해서 판단하기보다는 **본인의 경험, 성향, 주관적 기준에 따라 사용해 때때로 과도한 지출이나 불합리한 금융자산관리**를 할 수 있습니다.

우리가 매번 돈을 사용할 때, 인공지능의 판단이나 대기업의 재무팀처럼 지출규정에 의해 합리적으로 사용처를 결정하고 비용을 치르기는 불가능하겠죠. 또 그렇게 하는 것은 오히려 인간적이지 않고요. 맛있는 음식을 맛보고 씹어보면서 먹지 않고, 여러 음식을 믹서기에 갈아서 훅하고 한 번에 마시는 게 재미없기도 하고요.

쉽게 번 돈이나 어렵게 번 돈이나, 돈의 실제 객관적 가치는 동일합니다. 매월 나가는 공과금 비용이나, 헤어스타일을 바꾸는 데 들어가는 비용, 콘서트 티켓 비용 모두 동일한 돈입니다.
**즉, 어떤 돈이든 돈에 꼬리표는 없습니다. 단지 사용하는 내가 용처를 정하고 또 그 돈을 사용하는 가치의 높고 낮음을 정하는 것뿐입니다.**

그렇다면 우리는 어떻게 돈을, 자금을 관리하는 것이 비교적 합리적인 방법일까요?

**첫째, 큰 자금이 들어가는 목적자금은 안전성에 무게를 두고 계좌별로 관리합니다.** 집을 마련하기 위한 목돈이나, 세입자에게 돌려줄

전세자금은 기간에 맞게 정기예금이나 안정성 있는 채권으로 운용합니다. 자녀 대학 학자금이나, 새 자동차를 구매하기 위한 자금은 금액과 기간을 정해 적금으로 마련합니다.

**둘째, 생활자금과 취미활동 등은 용도별로 계좌를 따로 만들고 현금카드나 체크카드를 사용합니다.** 매월 일정하게 발생하는 생활비는 별도 계좌와 현금카드를 사용하고, 나의 취미·모임 비용은 별도의 계좌와 현금카드를 만들어 분리 사용합니다.

요즘 동호회나, 각종 모임에서 만드는 모임통장이 인기입니다. 등산과 골프, 동창 모임 등 각종 모임에서 관리하는 통장은 그동안 있었습니다. 그러나 지출내역은 결산이나 공지할 때나 알 수 있었고, 회비가 정확하게 어떻게 지출되는지 제대로 알기 어려워 가끔 문제가 되곤 했습니다. 요즘에 나오는 모임통장들은 다릅니다. 입출금 내역과 사용현황을 계좌에 연결된 회원들이 실시간으로 공유할 수 있어 회비가 투명하게 관리됩니다. 그 모임의 성격에 맞게 사용처와 금액이 사용될 수 있습니다.

생활비 통장 외에 취미활동이나 인생에 재미를 줄 수 있는 데 들어가는 비용은 위의 동호회 통장처럼 계좌를 별도로 만들고 자금도 별도로 사용·관리한다면, 과도한 지출을 줄일 수 있습니다.

**셋째, 10만 원, 100만 원 등 일정 금액 이상 지출을 할 때에는 한**

**번 더 용도를 생각해 봅니다.**

심적회계 장부가 사람마다 다른 기준으로 적용돼 사용되는 건 어쩔 수 없지만, 예상하지 못한 돈을 사용할 때, AI처럼 객관적 기준을 적용해 검토해 보는 겁니다. 취미활동에 들어가는 돈은 인생에 활력을 주는 역할을 하지만 금액이 과도한 것은 아닌지, 이 돈으로 생활에 꼭 필요한 물건을 살 수 있는 건 아닌지 지출을 결정하기 전에 한 번 더 생각해 볼 필요가 있습니다. 쉽지는 않겠지만, 반복해서 연습하다 보면 예상하지 않은 지출규모를 줄일 수 있습니다.

인생을 살아가는 데, 한 가지 정답은 없습니다. 마찬가지로 개인에게 **돈을 어떻게 써야 하는지에 대한 완벽한 기준이 있는 것도 아닙니다. '돈에 꼬리표는 없다'는 생각을 기본으로 받아들여야 합니다.** 돈의 용도별 그리고 계좌별 관리를 생활화합니다. 예상하지 못한 지출 상황에서는 'AI라면 어떻게 자금을 집행했을까'를 짚어보시길 권합니다. 때론 아쉬운 지출결정이 있겠지만 위의 방법들로 여러 경험이 쌓이면, 예상하지 못한 지출을 줄이고 보다 합리적으로 자금을 관리할 수 있게 될 겁니다.

# AI가 만능은
# 아닌데

(2023. 7. 20.)

빅데이터만으로 중요 의사결정 지양해야

실경험·대면 모임 등으로 균형감 맞춰야

나만의 경험과 공부로 투자 시작해야


처음 가보는 지역에서, 맛있는 식사를 하고 싶을 때 네이버나 카카오, 구글에 식당 검색을 합니다. 어느 식당이 평점이 높게 나오는지, 리뷰는 어떻게 달려 있는지를 확인하고 선택합니다. 일반적으로 매우 만족하기는 힘들지만, 후회하지는 않는 것 같습니다.

유튜브나 넷플릭스를 한번 시청하게 되면, 다음번엔 동일 유형의 내용이 상위 화면에 올라옵니다. 영상을 끝까지 봤는지, 무엇을 봤는지, 어떤 단어를 검색했는지 등에 대한 정보를 기존의 다른 사람들의 정보와 비교해서 추천을 해줍니다.

출처 : 게티이미지뱅크

때로는 '취향저격'의 느낌을 주는 영상이나 내용이 올라와서 깜짝 놀랄 때도 있습니다. 하지만 때때로 고개를 갸우뚱거리는 내용도 올라옵니다. 컴퓨터와 인공지능 AI가 제공해 주는 나의 전용화면이 클릭 몇 번, 단어 몇 개로 완벽하게 나를 분석해 줄 수는 없을 겁니다. 그런데 아무 고민 없이 AI가 추천해 주는 알고리즘에 의해서 보는 내용과 영상을 보다 보면, 나의 의지와 취향보다는 AI의 추천 취향대로 계속 성향이 변하고 있는 것을 느끼게 됩니다.

영화나 골프 등 취미활동이라면 큰 문제가 없겠지만, 투자와 관련된 내용이라면 조심해서 접근해야 합니다. 주식에서 이름을 날리는 슈퍼 개미의 유튜브를 보게 되면, 이와 관련한 다수의 동영상들을 추천받고 계속 보게 됩니다. 나는 그냥 관심이 조금 있었을 뿐입니다. 그런데 공격적 투자성향의 투자자로 AI가 인식하고 관련 내용을 추천하고 또 그렇게 나의 투자성향이 변해 있는 겁니다. 부동산에 관심이 있어 몇 개의 내용을 클릭하면 관련 내용이 추천되고, 이를 계속 보다 보면 AI에 의해 나는 부동산에 관심 있는 투자자, 부동산 마니아로 관련 사이트에서 인정받게 됩니다.

필자도 주식투자 고수의 전략과 내용을 알고 싶어 몇 번 유튜브에서 영상을 봤더니, 다음번엔 주식투자 관련 정제되지 않는 많은 동영상, 특히 조회수 많은 영상이 상위에 추천됐습니다. 몇몇 내용은 너무 내용이 부실하고 자극적인 표현이 많아서, 더 이상 보지 않았습니다. 대신 투자 관련 내용은 증권회사나 자산운용사에서 운영하는 공식 콘텐츠로 제한해 보니, 그다음부터는 투자 관련 회사에서 내부 검증을 받고 올라온 내용을 접할 수 있었습니다.

위와 같이 해답을 기계로부터 얻는 방법은 **처음부터 나 스스로의 결정으로 선택하는 것이 아니라 포털에서, AI가 추천해 준 정보, 빅데이터로부터 나온 정보로 선택될 수 있다는 것이 문제가 될 수 있습니다.** 내가 정말 무엇을 좋아하는지, 관심이 있는 분야는 무엇인지 세세하고 꼼꼼하게 선택한 것이 아닌 것이죠.

익숙하지는 않지만 방법을 바꿔서 접근해 봅니다.

예컨대 처음 가는 지역에서 맛집을 찾고자 할 때, 네이버나 구글에서 답을 찾기보다 현지의 마을 사람 또는 택시 기사에게 물어보는 것이 더 정확할 수 있습니다. 또는 무작정 길을 걷다 마음에 드는 식당에 가보면 다른 사람은 모르는 나만의 맛집을 찾을 수도 있습니다.

금융투자 관련 결정은 더 신중해야 합니다. 한 번의 선택에 따라 이익이 발생할 수도 있지만, 원금의 상당 부분이 투자손실이 발생할 수 있어 주의해야 합니다. 무작정 유튜브, 인스타의 영웅을 따라 하는 것은 위험합니다. 그 사람들이 틀렸다기보다는 내 상황과 똑같지 않은 것을 고려해야 한다는 것입니다.

'Open AI'의 Chat GPT는 '주식은 어떻게 투자하는 것이 좋은가'의 물음에 "주식투자는 잠재적으로 높은 수익을 가져올 수 있는데, 동시에 상대적으로 높은 리스크도 내포하고 있습니다. 이하 생략"이라고 하며 증권시장론 교재에 있는 내용을 원론적으로 이야기합니다.

유튜브, 인스타 등 온라인 계정은 많은 독자와 클릭 수를 위해 정작 내가 알고 싶은 내용보다는 자극적이고 현란한 문구와 내용이 많습니다.

그렇다면 어떻게 접근하는 것이 바람직한 방법일까요?

**첫째, 팩트를 근거로 만들어진 콘텐츠를 참고합니다.** '이번에 한국은행이 금리를 동결한 이유는? 미국 FOMC가 올해 금리를 추가로 두 번 더 올린다는데, ○○증권사의 의견은?' 등 시장 관련 현상을 설명하는 콘텐츠는 주기적으로 따라갑니다. 증권사, 자산운용사의 홈페이지에 주기적으로 게시되는 시황 및 산업리포트는 좋은 경제 교재입니다. 대신 ○○종목 유망, ○○% 수익 확실 등의 자극적인 제목이 있으면 아예 클릭을 하지 않는 것이 좋습니다.

**둘째, 투자 관련 포럼, 투자 박람회 등 행사와 여러 커뮤니티의 오프라인 모임에 참여합니다.**
경제신문, 공공방송에서 주최하는 경제 관련 행사는 다양한 주제와 전문가가 참여해 시장과 상품에 대한 폭넓은 정보와 내용을 들어볼 수 있고, 궁금한 건 현장에서 해결할 수 있습니다. 외부에 공개된 행사이므로 정제되고 신뢰성 있는 내용과 다양한 의견을 접할 수 있습니다. 무료도 좋고, 유료행사라도 시간을 내어 참가해 봅니다. '아, 저 사람은 시장을 이렇게도 보는구나, 나하고 전혀 반대의 의견을 가진 전문가도 있네' 하는 생각으로 들어보면 금융시장·상품을 바라보는 시각이 달라집니다.

여러 종류의 커뮤니티의 모임에 주기적으로 참여해 구성원들의 동향과 생각을 들어보는 것도 추천합니다. 나를 제외한 다른 사람들의 다양한 시각이 나의 자산관리 방향이 제대로 가고 있는지 체크할 수 있는 하나의 나침판이 될 수 있습니다.

**셋째, 나만의 경험과 공부로 투자를 시작합니다.** 관련 서적을 읽고 공부를 하고, 전문가의 의견을 참고하고, 스스로 투자결정을 합니다. 투자 비중은 전체 투자자산의 10% 이내로 시작하고 좋은 경험과 실패를 거울삼아 투자의 폭과 금액을 늘려갑니다. 이렇게 하면, 관련 분야 전문가의 주장과 설명에 자신의 의견을 조합, 나만의 합리적인 투자결정을 할 수 있습니다.

투자 관련 정보를 손쉽게 아무 제한 없이 구할 수 있는 시대입니다. 그렇다고 해서 투자한 성과의 책임은 아무도 나를 대신해 주지 않습니다. 스스로 공부하고 발로 직접 확인하고, 사람들과 오프라인으로 교류하는 활동을 통해 균형감 있는 시각으로 자산관리를 하는 것이 바람직한 방법입니다.

# 자산관리는
# 진보, 보수 구분 없어

(2023. 9. 8)

**일반적으로 복잡한 결정보다 단순한 결정 선호**

**중요 결정도 직관·경험에 의해 빨리 결정하고자**

**"자산관리는 한쪽에 치우치면 안 돼"**

우리의 뇌는 게으릅니다. 무엇인가를 결정할 때 많은 정보를 토대로 분석하고 심사숙고해야 하는데, 하루에도 결정해야 할 일은 너무 많고 세상일은 불확실하기 때문에 대부분의 사람들은 정보수집에 노력을 많이 투입하지 않습니다.

임창희 홍익대 교수에 따르면 카너먼[D. Kahneman]은 우리가 어떤 결정을 할 때 뇌를 사용하는 방식은 두 종류로 나뉜다고 말했습니다. 1차 시스템은 자동반응, 빠르게 작동하는 하는 것으로 예를 들면 뱀을 보고 피하기, 성난 얼굴 알아차리기 등입니다. 2차 시스템은 복잡한 생각, 시간이 걸리는 일에 사용합니다. 예를 들면 점심값을 내가 낼까 판단하기, 무리 속에서 친구 찾기 등 신경을 좀 더 써야 하는 일들입니다.

출처 : 게티이미지뱅크

어떤 의사결정을 할 때 뇌 활동의 노력을 감소시키기 위해 2차 시스템으로 결정해야 할 것도 1차 시스템으로 대체하는 경우가 많습니다. 그래서 복잡하고 신중하게 판단해야 할 일임에도 불구하고 직관과 상식, 선입관, 본인의 경험으로 빠른 시간 내에 단순하게 결정하는 경우가 많습니다.

부동산이나 자동차를 구입하려면 신중하게 검토해야 하지만, 중국집에서 짜장면이냐 짬뽕이냐를 고르는 것처럼 쉽고 빠르게 결정하기도 합니다. 사실이 아님에도 심리적으로 느끼는 불안감 때문에 사실을 왜곡해서 판단하기도 합니다.

정치적 성향은 진보와 보수, 중도로 나눌 수 있습니다. 그러나 대부분의 사람들은 진보나 보수에 몰려 있고, 양쪽의 입장을 균형감 있게 생각하는 중도파는 거의 없습니다. 본인이 중도 우파, 중도 좌파라고 하는 사람들도 이야기를 들어보면 확실한 보수, 확실한 진보 진영의 의견과 크게 다르지 않습니다.

이것도 인간의 게으름, 깊이 생각하기 싫어하는 본성에서 기인합니다. 내가 보수 진영에 있으면 보수당의 정책이 때때로 마음에 들지 않아도 '그런가 보다, 그 정도는 괜찮겠지' 하고 넘어갑니다. 진보의 색깔을 가지고 있는 사람도 진영의 나쁜 사건이 발생해도 지지하는 당을 바꾸는 경우는 거의 없습니다.

특히 대통령, 국회의원 선거 때는 인물이나 정책보다는 어느 당에서 나왔는지를 먼저 보는 경우가 많습니다. 정책이나 인물을 따져보는 것보다 나의 정치성향에 부합하는지만 판단하면 훨씬 더 수고가 덜 들기 때문입니다.

자산관리는 내가 보수성향인지 진보성향인지, 혹은 위험선호형인지 안전선호형인지에 따라 포트폴리오를 한쪽 극단으로 치우치게 운용하면 안 됩니다. 내가 선호하는 정당의 정치인을 계속 지지한다고 해서, 나의 자산에 플러스나 마이너스 영향이 미치지는 않습니다. 그러나 매일 변동하는 국내외 정세, 경제상황에 따라 나의 보유자산을 어떻게 운용하는가에 따라선 내 자산관리 성적에 큰 차이가 발생할 수 있습니다.

내 정치성향, 위험선호도에 관계없이 기본적이고 바람직한 포트폴리오 관리에 대해서 알아볼 필요가 있습니다.

**첫째, 한쪽 극단으로 치우치는 자산운용은 지양합니다.** 금융자산을 전부 정기예금 등 안정적인 상품만 가입하는 경우, 원금은 보존하겠지만 경제성장이나 시장수익률의 평균에 못 미치는 성적을 거둘 수 있습니다. 반면 금융자산 전부를 주식이나 투자상품에 올인하는 경우 고수익도 가능하지만, 시장하락에 따라 큰 손실도 입을 수 있습니다. 자산의 대부분을 부동산에 투자하는 경우, 경기가 하락해도 자산이 없어지는 힘들지만, 필요할 시기에 유동성을 확보하기 어려운 단점이 있습니다.

**둘째, 전체 자산의 30% 이내는 유동성 관련 자산으로 운용합니다.** 정기예금은 한 달에서 3년까지 안전하게 자산을 운용할 수 있습니다. 시장금리에는 못 미치지만 확정 금리에 원금이 보장되며, 필요한 시기에 언제든지 원금 이상으로 해지할 수 있는 장점이 있습니다. 한 달 이내 혹시 사용할 수도 있는 자금은 머니마켓펀드<sup>MMF</sup>에 넣어두면 보통예금보다 훨씬 높은 금리를 하루 단위 이자로 받을 수 있습니다. 언제든지 유동성을 확보할 수 있는 상품에 자산의 일정 부분을 운용한다면, 금융위기가 급격하게 닥치더라도 6개월에서 1년가량을 벌 수 있는 소중한 자원이 됩니다.

**셋째, 경제상황과 흐름에 따라 포트폴리오 조정이 필요합니다.** 지금은 불황이 이어지지만 향후 1~2년 뒤 경기회복이 기대된다면, 안정성향의 상품에 금융자산의 70% 수준으로 운용하고 주식형 펀드와 투자상품 비중은 30% 내외로 구성합니다. 또 적립식으로 투자상품을 투자하면서 비중을 조금씩 늘리는 것이 좋습니다.

반대로 호황기이지만, 경기가 너무 과열돼 조만간 경기상황이 하락으로 반전될 흐름으로 판단되는 경우가 있습니다. 이럴 때에는 원금이 보장되지 않는 투자상품의 비중을 점진적으로 줄여나가고, 국채나 정기예금 등 원금과 이자가 확정돼 있는 상품의 비중을 늘려나갑니다.

**나의 정치성향이 진보인지, 보수인지는 개인 성향입니다.** 이는 웬만해서는 잘 바뀌지 않습니다. **하지만 내가 보유한 자산의 포트폴리오**

는 경제상황에 맞게 변화하는 방향과 주요 사건의 영향에 따라 조정하는 건 꼭 필요합니다. 최소한 경제성장률 기준금리 이상의 수익을 목표로 자산을 관리 운용하고, 비중 조정 리밸런싱하는 건 다른 누구도 아닌 나의 책임입니다.

# 불이 나더라도,
# 관리는 내 책임인 이유

(2023. 9. 5)

**주기적인 점검·리밸런싱이 핵심**

**정부 경제정책, 선제적이기보다 사후수습에 포커스**

**금융기관은 자산 도우미…"의존해선 안 돼"**

며칠 전, 필자가 사는 아파트에서 에어컨 실외기에 화재가 발생해 대피하는 소동이 있었습니다. 사는 곳에서 불과 4개 층 아래였고, 밤 11시가 넘어서 발생한 것이어서 큰 사고로 이어질 뻔했습니다.

다행히 화재가 빨리 진압되고, 다친 사람도 없었습니다. 부랴부랴 밖으로 나와서 소방관들이 무더위에 방재복을 입고 땀을 연신 흘리며 고생하는 모습도 봤습니다. 하지만 화재가 발생했을 때 경고방송이 제대로 나오지 않았고, 대피에 대한 안내도 전달받지 못했습니다. 외부상황에 관심 있게 대응하지 않았다면 화재가 번지고 자칫 위험한 상황이 될 수 있었습니다. 소방서, 경찰서, 아파트 관리실의 방재활동이 있겠지만 평소에 화재 등의 위험에 대비해야겠다는 생각도 들었습니다.

출처 : 게티이미지뱅크

이번 일로 만약 나의 보유자산에 갑작스럽게 불이 나는, 즉 예상하지 못한 이벤트가 발생한다면 어떻게 대처해야 하는가 생각을 해봤습니다.

주식과 채권, 펀드, 부동산 등 주요 자산은 건물에 불이 나는 것처럼 갑자기 나쁜 충격이 오는 일은 잘 발생하지 않습니다. 하지만 과거 IMF 외환위기, 2008년 글로벌 금융위기 등의 사례를 돌아보면 비교적 짧은 기간에 투자자들이 심각한 투자손실을 기록하고 상당 기간 어려움을 겪었습니다.

서울 시내 아파트 전경 (출처 : 게티이미지뱅크)

예기치 못한 국내외 정치, 경제 사건이 갑자기 발생해 내가 보유하고 있는 자산에 회복하기 어려운 피해를 주기 전에 평소 자산관리는 어떻게 하는 것이 바람직할까요?

평소에 자산관리를 하는 바람직한 방법 몇 가지를 소개합니다.

**먼저, 보유자산을 주기적으로 확인하고 상황에 맞는 비중 조정**리밸**런싱을 해야 합니다.** 그리고 너무 한쪽으로 치우치는 포트폴리오 운용은 지양해야 합니다. 과거 금융위기 사례를 보면 주식과 주식형 펀드 등에 치우친 공격적인 포트폴리오의 투자자는 갑작스러운 시장충격에 의한 가치하락으로 상당 기간 어려움을 겪었습니다.

공격적인 투자자라 하더라도 경제에 충격을 주는 이벤트가 발생할 때 최소 6개월에서 1년은 버틸 수 있는 자금은 예금, 채권, MMF 등 단기 유동화가 가능한 상품으로 운용해야 합니다.

자산의 보유현황에 대해서는 한 달에 한 번, 적어도 분기에 한 번 주기적으로 점검을 합니다.

부동산은 기준금리 추이, 환율동향 등 전반적인 경제상황에 관심을 가져야 합니다. 금융자산 중 주식의 비중이 적정한지, 금리 변화추이에 따른 채권·예금의 평균 만기 기간은 적정한지 확인하고 비중 조정을 검토합니다. 주기적으로 거래 금융기관을 방문해 자산 보유현황과 시황에 대한 내용을 듣고 비중 조정 시 참고합니다.

**두 번째로 금융당국 등 정부가 실시하는 각종 경제정책을 보고 경기의 방향성을 참고합니다.** 물가상승에 따라 기준금리를 올리고, 수출입 상황에 따라 환율에도 관여하는 등 경제의 전반에 정부·금융당국이 관여하고 필요한 조치를 하고 있습니다. 우리나라뿐 아니라 금융선진국인 미국을 보더라도 정부 당국의 조치는 사고를 사전 예방하는 경우는 드뭅니다. 대부분 큰 이벤트가 시장에서 발생하면 어떻게 잘 수습하는가에 초점이 맞춰져 있는 것을 볼 수 있습니다.

정책을 준비하고 실행하는 공무원 입장에서는 수시로 일어나는 각종 경제 사건들을 수습하는 데에 집중합니다. 이 중 큰 사건 위주로 일 처리를 해야 할 것입니다. 사전에 경제문제를 해결할 여력도 없고, 해결한다고 해서 별도의 인센티브가 있는 시스템도 아니기 때문입니다.

따라서 '경제의 큰 문제는 정부에서 책임지고 잘 처리해 주겠지' 하는 생각보단 '정부에서 시행하는 정책을 보면서 앞으로 경제가 더 나빠지겠구나'라든가 '이제 좀 좋아지겠는데' 식으로 생각하는 것이 좋습니다. 그런 뒤 나의 자산관리 포트폴리오 구성에 참고하는 식이죠.

**세 번째로 금융기관과 담당자에게 자산관리를 절대적으로 의존하면 안 됩니다.** 세상에 어느 누가, 어느 금융기관이 나만큼 나의 자산에 신경을 써 줄 수 있을까요? 이 부분을 의심해야 합니다. 나의 자산을 관리하는 금융기관 직원은 나뿐만 아니라 수십 명, 수백 명의 다른 고객들을 같이 관리하고 있는 것이 팩트입니다. 그리고 금융기관 직원 입장에서는 1개의 상품이라도 더 판매해서 수수료를 얻으려고 하는 게 회사 방침이어서 고객 입장에서 이익이 되는 자산관리는 기대하기 쉽지 않습니다.

따라서 내가 금융자산을 투자하고 적정 수익률을 올리는데 각종 정보를 제공받고, 금융자산을 안정적으로 보관하고, 나의 투자결정을 제대로 실행할 수 있으면 만족하는 것이 합리적인 생각입니다. 안정성 있고 높은 수익률을 제공한다는 광고성 멘트에 현혹될 필요도 없습니다. **금융투자에 대한 모든 책임은 나의 것이라는 투자 자세가 필요합니다.**

이를 요약하면 "평소에 꾸준하고 정기적인 자산관리·비중 조정을 통해, 돌발 상황이 발생하더라도 큰 타격을 입지 않고 정상적으로 바로 대응할 수 있는 포트폴리오와 건전한 관리 방법이 중요하다"고 할 수 있습니다.

# 유치원에서 배운 대로만
# 하면, 위험 확 줄일 수 있다

(2023. 10. 24)

**상식으로 접근하면 투자위험 줄일 수 있어**

**모르는 곳에는 투자하지 마라**

**항상 유동성 관리에 신경 써라**

　하마스와 이스라엘의 전쟁이 예상하지 못할 만큼 크게 번지고 있습니다. 새로운 제품은 계속 출시되고, 세상은 점점 복잡해져서 잠깐이라도 정신을 놓고 있으면 세상에 뒤처지는 기분이 드는 요즘입니다. 초등학교 6년, 중고교 6년, 대학 4년 도합 16년을 학교에서 배워도 세상에는 모르는 것투성이입니다.

가끔 TV 프로그램을 보다 보면, 연예인과 스포츠 스타 중 상당수가 지인에게 사기를 당하든지, 돈을 빌려주고 못 받고 있다는 이야기를 합니다. 투자요청을 받아 거액을 투자했는데 그 돈이 지금 어디에서 어떻게 사용되고 있는지 모르고, 또 파악도 못 하고 있다는 안타까운 이야기도 합니다.

우리는 세상을 살아가면서, 사회의 규범·규칙 등을 지키며 사회 구성원들과 잘 지내려고 노력합니다. 대다수 사람들은 그렇게 해야, 주변 사람들에게 피해를 주지 않고 내가 하고자 하는 일을 잘해낼 수 있다고 믿는 겁니다.

그런데 세상은 때때로 내가 예상한 대로, 바라는 대로 꼭 움직이지만은 않는 듯합니다. 저마다 처한 상황이 틀리고, 이해관계가 다르고 그에 따른 행동방식도 똑같지 않기 때문이죠.

큰 사업을 하거나 많은 이익을 얻고자 하는 것이 아닐지라도, 최소한 원금은 확보하면서 시장의 이자율만큼은 얻고자 하는 보수적 관점의 투자자는 어떤 생각과 행동이 필요할지를 알아보겠습니다.

결론부터 말하면 **'상식에 의한 생각과 투자'**가 필요합니다.

오래전에 읽었던 책 중에 이런 상황에 꼭 맞는 책을 소개합니다. 『내가 정말 알아야 할 모든 것은 유치원에서 배웠다All I Really Need To Know I Learned Kindergarten』라는 책입니다.

삶이 복잡하고 어렵지만, 삶의 지혜는 멀고 고상한 곳에 있는 것이 아니고 바로 유치원에서 가르치는 소박한 상식 속에 있다는 것입니다. 책에서 나오는 몇 가지 내용은 다음과 같습니다.

무엇이든 나눠 가져라, 공정하게 행동하라, 남을 때리지 마라, 사용한 물건은 제자리에 놓으라, 내 것이 아니면 가져가지 말라, 음식을 먹기 전에는 손을 씻으라, 밖에서는 차를 조심하고 옆 사람과 손을 잡고 움직여라 등….

마치 60세 먹은 아들에게 더 연로한 어머니가 걱정스러운 눈빛으로 해주는 이야기 같습니다.

내 돈을 관리하고 금융투자를 하는 데에 있어서 적용할 수 있는 몇 가지 상식을 알아봅니다.

**첫째, 이익을 많이 기대하면 그만큼의 손실도 감수해야 합니다.**

유튜브와 인스타그램 등에는 넘쳐나는 투자 성공사례가 있습니다. 살짝 뒤집어 생각해 보면, '그렇게 좋은 투자이고 완벽한 조건의 투자라면 왜 대중에게 알릴까'를 생각해 봐야 합니다. 또 설령 완벽한 투자상품과 조건이더라도 그것을 많은 사람이 같이 알게 되면 그 즉시 바로 '레드오션'이 되겠지요. 은행 정기예금 이자보다 더 좋은 수익률을 기대하려면 그만큼의 손실도 감수해야 합니다. **손실은 제한되고 수익은 큰 상품은 세상에 없습니다. 이것을 꼭 기억하십시오.**

**둘째, 돈을 꼭 빌려주려면, 받지 않아도 될 만큼만 빌려줘야 합니다.** 즉 빌려줄 때는 받을 생각을 말라는 말이기도 합니다.

지인에게 돈을 빌리려고 하는 사람은 이미 제도권 금융기관에서 정상적인 방법으로 대출을 받지 못하는 경우가 대부분입니다. 다시 말해 돈을 빌려주어도 받지 못할 가능성이 매우 크다는 뜻인데요. **가족, 지인 간에 돈거래를 하지 않는 것이 가장 좋습니다.**

그럼에도 불구하고 돈을 빌려주어야 하는 상황이라면, 그 돈을 빌려주고 받지 못하더라도 서로의 관계가 아주 나빠지지 않을 정도의 작은 금액을 빌려주면 됩니다. 물론 받을 생각은 하지 않습니다. 필자의 경우에도 사회생활 초창기에 친구나 지인에게 어쩔 수 없이 돈을 빌려줬는데, 50만·100만 원 등 적은 돈은 아니었지만 그 돈이 없어도 생활에 큰 지장이 없을 만한 규모였습니다. 돌려받은 경우는 거의 없었지만, 빌려 간 지인이 2번 이상 상환하지 못하면 또 돈을 빌려달라고 하지는 않습니다.

### 셋째, 모르는 곳에는 투자하지 마십시오.

세상이 복잡하고 빠르게 변하다 보니, 우리가 모르는 투자상품과 투자처가 늘어납니다. 그런데 어렵게 모은 소중한 나의 자산을 좋다는 말만 듣고 무작정 투자하는 것은 문제입니다. 가능하면 제도권에 있는 금융기관에서 판매하는 상품을 전문가와의 상담을 통해 투자결정 하는 것이 바람직합니다. 멋진 차를 몰고 잘 나가는 지인이 **고금리의 확정 금리로 수익을 돌려준다고 이야기 하는 것은 불가능한 일입니다.** '사금융, 피라미드, 유사 수신행위'로 반드시 의심해 봐야 합니다.

은행, 증권회사에서 인기리에 판매되는 상품도, 내용을 잘 들어보고 처음에는 100만 원, 1,000만 원 등 적은 금액을 투자해 성과를 지켜보고 투자 규모를 확대하는 것이 바람직합니다.

**넷째, 항상 유동성에 신경 써야 합니다.**

'흑자부도'라는 용어를 들어보셨나요? 기업이 부채 대비 더 많은 자산을 보유해 순자산이 많은 상태라고 하더라도, 당장 지급해야 할 비용을 충당하지 못하는 경우에는 부도가 발생합니다. 대부분의 경우 보유자산의 상당수가 당장 현금화가 어려운 부동산이나 기계장비에 묶여 있는 경우입니다. 그래서 기업이 잘 유지되기 위해서는 **당장 수익이 크게 나지는 않지만 일정 규모 이상은 반드시 유동성 상품**<sup>은행의</sup> <sup>보통·정기예금, MMF 상품 등</sup>**에 자금이 운용돼야** 하는 것입니다.

일반 개인의 경우도 마찬가지입니다. 보유자산이 부동산같이 바로 현금화되기 어려운 곳에 대부분이 운용되고 있다면, 내가 꼭 투자하고 싶은 자산에 바로 투자하기 어렵습니다. 그리고 꼭 필요한 곳에 쓰기 위해서 헐값에 부동산을 매각해야 하는 경우도 발생할 수 있습니다. 그리고 갑자기 집안의 경조사나 예측하지 못한 일이 발생할 수 있습니다. 이런 경우를 대비하기 위해 생활자금 6개월 치 이상은 유동성 상품으로 관리하는 게 필요합니다.

유치원에서 배우는 상식은 평생 살아가는 데에 두고두고 써먹는 유용한 규칙들입니다. 경제생활을 잘 영위하기 위해서도 몇 가지 상식을 가지고 꾸준하게 적용한다면, 크고 작은 금융사고를 예방하거나 손실 규모를 줄일 수 있고, 최악의 상황에 대비할 수 있습니다.

# MMF 아직도
# 가입 안 하신 분?

(2023. 11. 7)

**MMF 안전성과 적정 수익 모두 취한 투자상품**

**매일 입출금이 일어나는 소상공인엔 필수**

**한 달 이내 자금운용에 유용한 상품**

미국과 한국의 중앙은행은 기준금리를 동결했습니다. 금리가 당장 떨어지기는 쉽지 않지만, 1~2년 뒤에는 금리가 내려갈 것으로 시장전문가들은 예상합니다. 좀처럼 잡히지 않는 물가에 금리는 높은 상태이지만, 마땅한 투자처를 찾지 못해 고민하는 사람들이 많습니다.

미국경제가 상대적으로 견조하지만 전 세계적인 증시 침체로 주식에 투자하기는 부담스럽고, 금리가 내려가야 유리한 채권투자도 만만하지 않습니다. 부동산에 투자하려고 해도 높은 금리와 경기 저점이 아직 확인이 되지 않은 시점이라 선뜻 목돈을 움직이기 어렵습니다.

출처 : 게티이미지뱅크

이러다 보니 마땅한 투자처를 찾기 어려워 은행의 보통예금이나 정기예금에 자금이 상당 기간 묶여 있는 경우가 많아지고 있습니다. 정기예금은 기간별로 예치 가능하고 5,000만 원까지는 원금과 이자가 보장되는 상품으로 자금 필요 기간까지 안심하고 넣어둘 수 있는 데 반해 금리가 아쉽습니다.

한 달 이내 자금이 필요한 경우나 수시로 입출금이 일어나는 기업, 소상공인의 경우에는 언제든지 유동성 자금이 필요하므로 이자가 거의 붙지 않지만 안전한 은행의 보통예금에 넣어두는 것이 일반적입니다. 이 경우에 아쉬운 점은 너무 적은 금리입니다.

이런 상황에 맞는 대안으로 머니마켓펀드MMF 상품이 있습니다.

MMF는 Money Market Fund의 약자로 투자자로부터 자금을 모아서 안전한 단기의 금융상품에 투자해 수익을 돌려주는 상품입니다. 가입금액에 제한이 없고 하루 이상 투자하고 인출해도 환매수수료가 없는 게 특징인데요. 때문에 한 달 이내 단기투자와 수시로 자금이동이 일어나는 개인사업자와 소상공인, 기업 등에서 유용하게 사용할 수 있는 통장입니다.

MMF의 장점은 다음과 같습니다.

**첫째, 안전한 투자상품입니다.** CD와 국채, 공사채 등 안전한 상품으로 운용되고, 만기도 3개월 이내 상품으로 운용해 안전성이 높은 투자상품입니다. 안전성에 무게를 더 두고 싶은 투자자는 국채와 공사채로 운용되는 '국공채 MMF'를 선택하면 됩니다. 일반 MMF 대비 수익률이 조금 하락하긴 합니다.

**둘째, 하루만 맡겨도 비교적 높은 수익률을 기대할 수 있습니다.** 현재 대부분의 MMF는 0.9% 안팎의 투자수익률을 기록하고 있고 연 0.1% 안팎을 지급하는 은행의 보통예금보다 높은 수익률을 제공합니다.

**셋째, 당일 출금이 가능합니다.** 펀드는 출금하면 다음 영업일 이후 입금되는 것이 일반적이지만 MMF 통장의 경우에는 은행 거래 시간

내 출금을 신청하면, 당일 MMF와 연결된 은행 통장으로 입금받을
수 있습니다.

반면 MMF의 단점들은 어떤 게 있을까요.

첫째, 원금보장이 되지 않습니다. 투자상품 중 가장 안전한 상품 중
의 하나이지만, 법적으로 원금과 수익률이 보장되지 않습니다. IMF와
같은 최악의 경제 사건이 발생할 경우 출금이 제한될 가능성이 존재
합니다.

둘째, 유동성이 취약한 펀드의 경우, 유동성이 제한될 수 있습니다.
MMF도 펀드의 일종으로 한꺼번에 많은 출금이 몰릴 경우엔 보유자
산 매각이 어려워져서 출금이 제한될 위험이 있습니다. 따라서 수익
률과 더불어 가입한 MMF의 규모와 보유자산 내용 내용도 주기적으
로 확인할 필요가 있습니다.

MMF와 비슷한 상품으로는 증권회사의 종합자산관리계좌CMA가 있습니다. 입출금이 자유롭고, 매일 이자계산이 되는 상품이고 예금자 보호가 안 되는 공통점이 있습니다. 그리고 운용자산이 비교적 안정적인 곳에 투자해 원금손실 가능성이 적은 부분도 비슷합니다. 중요한 차이점은 MMF의 운용은 펀드를 운용하는 자산운용사에서, CMA는 증권회사에서 운용·관리한다는 점입니다. 증권회사에서 주식과 채권 등 주요 투자상품을 거래하는 목적이라면 증권사의 여러 CMA 상품을 검토해 보고 가입하면 좋겠습니다.

MMF와 관련한 요약입니다.

**첫째, 매일 현금거래가 일어나는 개인사업자와 소상공인에게 필수 상품입니다.** 매일 통장에 일정 잔액이 있는데, 3~4배의 수익을 더 얻을 수 있고 비교적 안전한 상품이라면 꼭 가입하는 것이 바람직합니다.

**둘째, 보통예금 통장에 일정 잔액이 있는 직장인에게 유용합니다.** 100만 원 이상 한 달 이내 사용할 가능성이 있는 경우, MMF에 넣는 기간만큼 더 수익을 얻을 수 있습니다. 한 번 계좌를 만들어 두고 필요할 때마다 이용하면 됩니다.

**셋째, 한 달 이상 예치할 자금이라면 정기예금이 유리합니다.** MMF가 안전한 투자상품 중 하나이지만, 단기 자금운용에 적합합니다. 한 달 이상 자금을 예치하고 기간이 확정돼 있는 경우는 은행의 정기예금을 이용하는 게 좋습니다. 한 달짜리 정기예금도 MMF 대비 2배 이상의 이자수익률이 가능하고, 기간별로 분산해서 예치도 가능합니다. 또 정기예금은 만기 전까지 2회 정도 중도해지 수수료 없이 일부 해지<sup>인출</sup>도 가능합니다.

당분간 경기회복을 기대하기 어려운 금융시장입니다. 한 달 이내 자금을 예치하거나, 매일 자금 입출이 발생하는 개인사업자, 소상공인과 중견 기업체는 MMF 상품을 이용해 단기자금관리에서도 은행의 보통예금 대비 높은 수익률로 운용할 것을 권합니다.

# 은행산업
# 발전을 위한 제언

**첫째, 사고예방을 위한 CEO 및 경영진의 관심과 이에 대한 관리가 강화되어야 한다.**

가끔 언론에 기사화되는 은행직원의 거액 금전사고의 원인을 보면, 단순한 몇 가지 원칙이 지켜지지 않는 것을 확인할 수 있다. 한 사람이 동일 직무에서 오래 근무하거나, 주기적이고 실질적인 내부감사가 실시되지 않는 것들인데, 제도적 시스템적으로 보완하면 상당 부분 사고를 예방할 수 있다.

중요한 해결 방법 중의 하나는 CEO를 비롯한 경영진의 관심이다. 외형확장과 손익 창출이 주된 경영목표이기는 하지만, 거액의 금전사고는 예외 없는 인사정책예를 들면, 3년 이상 동일 부서 또는 동일 직무 연속금지과 주기적이고 실질적인 내부감사로 상당 부분 예방 가능하다.

예를 들어 ○○○억 원 등 일정 금액 이상의 금융사고가 발생하면 CEO 연임금지, 5년간 관련 금융기관 재취업 금지 등의 규정을 시행한다. 명문화된 규정이 만들어지면, 은행별로 제도와 시스템이 강화되고, CEO 경영의 우선순위 중 하나로 자리 잡을 것이고, 사고의 금액과 횟수는 현저히 줄어들 것이다.

**둘째, 매년 얻는 수익 중 일정 비율만큼 신상품이나 새로운 금융시스템을 개발하는 데 꾸준히 노력해야 한다.** 단시간 내에 승부를 내기 어려울 것이기에 관련 부서를 만들고 지속적인 지원이 필요하다.

경기가 좋거나 경제가 활황이 되면, 늘 우리나라 은행은 예대마진에만 기대어 이자장사에만 안주하고, 첨단 금융상품 개발이나 시스템이 없는 후진국 수준이라고 이야기가 나온다.

창의적이고 새로운 금융상품과 시스템을 만들기 위해서는 인력과 자원의 지속적인 투입과 경영진의 전폭적인 지지가 필수적이다.

원금과 이자가 보장되는 파생상품이 있다. 은행에서 판매하는 ELD Equity Linked Deposit, 지수연동예금 상품이다. 투자금의 90% 이상은 예금으로 투자해서 발생하는 이자만큼 파생상품에 일정 부분 투자하여 원금과 기본이자는 법적으로 보장하고, 1~5% 내의 투자로 10% 내외의 추가수익을 추구하는 상품이다.

위의 ELD 상품과 마찬가지로 은행에서 발생하는 이익금 중 조직을 유지하기 위한 필수적인 부분에 순서대로 사용하고, 내부에 유보될 적립금 중 일정 비율은 신상품 및 시스템 개발에 사용하면 된다.

은행에서 벌어들이는 수익금을 대손충당금을 쌓고, 각종 비용을 처리하고, 주주에게 적정 배당도 하는데 우선순위를 정하여 사용한다. 그리고 내부 유보되는 자금 중 일정 비율을 신규상품 및 시스템 개발에 사용하게 되면 안정적이고 지속적인 지원이 가능할 것이다.

여기에는 은행산업 발전을 위한 경영진의 장기적인 전략뿐만 아니라 정치권, 금융당국의 감독과 지원이 필요하다. 매년 은행별로 예대마진과 수수료 수입으로 얻는 이익 중 필수적으로 R&D 개발 비용과 실적을 보고하도록 한다. 가시적인 결과가 나오는 데 시간이 걸리겠지만 지속적으로 투자하고 지원하고 체크하면 반도체나 조선업처럼 세계에서 경쟁력 있는 은행산업이 되지 못할 법이 있겠는가?

**셋째, 역량을 갖춘 직원이 차별화된 상담을 할 수 있는 공간을 구분, 제공하여 전문가로 거듭날 수 있도록 지원해 주어야 한다.**

은행 고시라는 말이 있을 정도로 은행의 문호는 점점 좁아지고 경쟁률은 치열해지고 있다. 예전에 비해 IT 및 시스템에 의한 은행 거래가 많아지다 보니 필요한 인력의 수도 줄어들고 있으며, 대기업 평균 이상의 연봉과 직원복지제도도 은행을 선택하는 이유 중 하나이다.

그러나 정작 어렵게 들어온 은행 지점에서 개인이 자신의 역량을 제대로 발휘하는 데에는 한계가 있다.

일선 지점에서는 본점에서 기획하고 개발한 수신/투자상품과 대출상품을 몇 가지 조건을 파악하여 고객에 판매하면 되는 단순한 구조의 상담 및 프로세스로 대부분 이루어진다. 이렇다 보니 스마트한 능력의 젊은 직원이 시간이 지나면서 평균 정도의 능력으로 하향 평준화되는 경향이 많아진다.

나의 경우는 평범한 은행원으로 똑같이 지내기가 싫었다. 주경야독으로 석사, 박사 공부를 하였다. 금융특허 3개를 개발하여 그중 2개는 상품화하였다. 보수적인 은행조직에서는 학위 숫자가 늘어나거나 개발한 특허 개수가 많다고 해서 승진이나 인사상 혜택은 별도로 없다.

그러나 고객에게 보다 높은 수준의 금융상담을, 다양한 지식과 경험을 토대로 제대로 된 컨설팅을 해주고, "고마워요, 많은 도움이 되었어요!"라고 따뜻한 이야기를 들을 때, 보람을 느끼곤 했다.

현재 일정 수준 이상의 자산가들은 PB센터를 이용한다. 일반지점을 방문하면, 입출금 창구, 상담창구, 프리미어 창구로 구분되어 고객을 관리하고 상담을 한다. 직원의 경험이나 역량보다는 단순히 고객의 자산규모 및 업무종류에 따라 3등분 하는 것으로 보인다.

단순 업무 인원은 최소한으로, 상담 업무는 주니어, 시니어 직원, 전문 상담직원을 구분하여 상담의 수준과 깊이를 다르게 경험할 수 있도록 배치되는 것이 바람직하다. 은행직원들도 여러 금융 자격증과 학위, 그 외 다양한 금융 커뮤니티 활동을 통한 역량개발이 필요하다.

**넷째, 은행이 공익사업의 일환으로 '금융과 경제의 기본교육'에 대한 지원사업을 하면 사회 전반의 경제지식 수준을 올리는 데 기여할 수 있을 것이다.**

앞에서 금융 교육의 중요성에 대해서 언급하였다. 경제생활에 필수적이고 기본적인 내용을 알고 있다면, "쉽게 고수익을 올릴 수 있다"

는 달콤한 말에 소중한 돈을 잃는 경우가 줄어들 것이다.

2시간~1일 정도의 커리큘럼을 가지고 요청하는 학교와 일반 기업, 행정복지센터 등에 강사를 파견하여 **국민 전체의 평균 경제지식 함양에 기여하는 거다.** 강사는 은퇴한 은행직원 중 관련 업무 경험이 있는 사람을 이용하여 소정의 강사료를 지급하면 시니어 재취업 상승의 효과도 같이 올릴 수 있다.

# 은행 거래 시
# 필요한 Tip

- 더 깎아줄 수 없나요?

- 은행 거래의 첫 번째 목적은 대출

- 투자상담은 시니어 직원에게

　50세가 넘은 기성세대들은 은행을 인터넷이나 핸드폰으로 이용하
는 것보다, 직접 은행 지점을 방문하여 업무를 보는 것이 편할 때가
많다. 반면 MZ세대를 포함한 젊은 친구들은 은행 지점에 가는 것이
낯설고 직원을 통한 상담보다는 모르는 것은 네이버나 유튜브를 검색
하여 해결하려고 하는 편이다.

은행은 백화점에서 물건을 구입할 때처럼 정찰가격으로 금융상품을 거래하는 것으로 알고 있지만, 실제로는 거래실적, 담당자의 재량에 따라 비싼 금리로 예금을 가입할 수도 있고, 조금 싼 금리로 대출을 받을 수도 있다.

### 조금 더 깎아줄 수 없나요?

재래시장에 가서 물건을 구입할 때, 가능한 여부를 떠나서 습관처럼 이야기하는 레퍼토리다. 방문하는 상점마다 처음 부르는 가격보다 더 싸게 줄 수 있는지 물어보는데, '더 싸게 깎아주면 좋고 아니면 말고'의 생각이 자리 잡고 있는 것이다.

요즘은 재래시장도 정찰제가 많이 시행되어서 "더 깎아주세요"라고 요청을 해도 효과가 없는 경우가 많다. 그래도 이 한마디에 가격을 깎아주지는 않더라도 덤으로 물건을 더 주든지, 서비스 품목을 얻을 수도 있다. 즉 소기의 목적인 물건을 더 싸게 구입하지는 못하더라도 뭐라도 하나 더 건질 수 있기 때문에, 절대 손해 보는 장사는 아닌 것이다.

은행에 와서 직원이 이야기한 금융상품의 가격에 대해서 "더 좋은 조건으로 해줄 수 없나요?"라고 요청하는 사람은 별로 없다. 재래시장에서 "물건값 더 깎아주세요!"라고 이야기하는 것과 동일한 요청사항이다. '은행에서 처음에 제시한 조건보다 더 나은 조건으로 거래가 가능하다'는 것 자체에 대해서 생각하지 않는다.

은행에서 별도로 고객별로 적용 가능한 분야는 대표적으로 예금과 대출의 금리, 외국환의 환율 적용 부분이다. 일반적으로 우대금리나 환율우대를 적용하는 것은 거래은행에 기존에 기여한 실적을 기반으로 전산에서 자동으로 계산한 값을 사용한다.

그러나 은행직원의 재량도 일부 적용 가능하다. 외화 매매의 경우, 환율우대가 일반적으로 60~90%까지 가능한데, 외화계산서에는 적용된 환율만 표시가 되고, 우대율은 표시가 되지 않는다. 따라서 환전할 때 은행직원에게 가능한 최대환율로 적용해 달라고 이야기하면 하지 않을 때보다 5~10% 이상 우대환율 적용이 보통 가능하니 이야기해 보는 것이 무조건 이익이다.

매달 불입하는 적금의 경우는 거래실적 또는 연령 등 가입조건에 따라 금리가 일률적으로 정해진다. 그러나 일정 금액 이상의 목돈을 한꺼번에 넣고 만기에 원금과 이자를 받는 정기예금은 금액별로 적용 금리가 달라진다.

지점에 오는 어느 고객이나 적용하는 금리가 있다. 반면 거래실적이 우수한 고객이나 PB고객의 경우 적용되는 금리가 달라진다. 은행에서 받는 금액은 동일하지만 적용하는 금리가 달라진다. 우수고객에게 기본금리보다 더 높은 금리를 적용하면 지점에서 받는 마진이 줄어든다.

평소에 지점의 담당자와 좋은 관계를 유지하고, 실적을 꾸준히 쌓는 경우 다른 고객보다 더 높은 금리를 받을 수 있다. 그리고 예금 가입 시 **"이 금리가 최선인가요?"라고 한 번 물어보라.** 재래시장에서 "더 깎아주세요!"와 같은 요청이다. '안되면 말고'라는 생각으로 그냥 툭 던져보면 나에게 손해 날 일은 없다.

**은행을 거래하는 고객의 입장에서 가장 필요한 업무 중 하나는 대출 업무이다.** 무분별한 대출이나 부실이 예상되는 대출은 하지 않아야 한다. 그러나 대출을 현명하게 잘 이용하면 이용하지 않는 사람보다 자산관리에 더 나은 도움을 받을 수 있다.

먼저 주택담보대출을 생각해 보자. 매매가격 10억 원의 주택을 구입하려고 할 때 대출을 이용하지 않으면 온전히 10억 원이 다 있어야 한다. 그러나 은행에서 주택을 담보로 대출을 이용하면 5억 원 안팎의 자금을 가지고 해마다 올라가는 물가, 주택가격을 현재 가격으로 고정시켜 매입할 수 있다.

사회생활을 하다 보면 갑자기 돈이 필요할 때가 있다. 가족 중에 아픈 사람이 생기거나, 경조사, 가전제품 구입 등 평소의 통장 잔고 외에 1천만 원~1억 원 정도의 자금이 필요할 때가 발생한다. 이럴 때 요긴하게 쓸 수 있는 것이 신용대출이다. 신용대출 중에는 한 번에 목돈을 다 빌리지 않고 대출의 한도를 미리 설정하고 필요할 때마다 사용하고 사용한 만큼 이자를 납입하는 마이너스 대출<sup>한도 대출</sup>도 있다.

은행과 거래하는 고객 중 상당수는 대출이 막상 필요할 때 한도가 부족하고 금리는 높다고 불만을 이야기하는 경우가 많다. 그러나 '**언제든 사용해야 할 대출**'을 **좋은 조건**높은 금액 한도, 낮은 금리**으로 이용하기 위해서 주거래 은행을 정하고, 여러 실적을 쌓은 등 평소에 만일의 경우를 대비하는 준비가 필요하다.**

20~30년 전만 해도, 은행 창구 담당자는 젊은 행원들이 기본 업무를 하고, 후선창구 뒷자리에 있는 과장, 차장 등 책임자들은 도장을 찍어서 업무의 결재를 하는 것이 일반적인 모습이었다. 그러나 지금은 갓 들어온 신입행원이나, 20년 경험이 있는 고참 차장도 같은 종류의 업무를 똑같이 하고 있다.

번호표를 눌러서 어떤 경우는 YB<sup>Young Boy</sup>인 젊은 직원과 상담을, 또 어떤 경우는 OB<sup>Old Boy</sup>인 노련한 시니어 직원과 상담을 할 수 있다. 그런데 똑같은 상담을 하더라도 업무처리와 숙련도, 상담의 깊이에서 분명 차이가 있을 것이다.

단순한 업무야 누구와 상담을 하더라고 큰 차이가 없겠지만, 자산관리와 난이도 있는 대출 업무 등은 한두 가지 조건이 누락되면 예상보다 나쁜 조건이 적용되거나, 대출심사에서 통과가 안 되는 경우도 발생할 수 있다.

평소에 몸이 조금 아프면 동네 병원에 가지만, 암이나 병세가 심각해지면 대학병원의 유명한 의사를 찾게 된다. 의사 명찰은 똑같이 가지고 있지만, 경험이나 실력에서 많은 차이가 나는 것을 우리는 안다.

은행에 가서 업무처리를 할 때에도 일의 경중, 중요도에 따라서 **어렵고, 심도 있는 상담이 필요한 경우는 경험 많은 시니어 직원을 찾아서 상담하는 것이 바람직하다.**

은행을 방문하여 그냥 편하게 업무를 볼 수도 있지만 위의 3가지 사항을 미리 생각하고 은행 업무를 시작한다면 보다 나은 조건으로 거래가 가능하다.

# 비문증으로 겸손해지기

시간이 지나갈수록, 세상에 안 되는 것들, 그럴 수도 있구나
하는 것들이 늘어납니다.
주어진 여건에서 최선을 다해봅니다.

대학교 캠퍼스에서 강의를 하고 하늘을 쳐다보는데, 눈앞에 여러 개의 실이 왔다 갔다 한다. 비 오는 날 자동차 유리창에 내리는 빗물처럼 점들이 보이기도 하고, 큰일 났다 싶어서 안과에 바로 진료를 받았다.

'비문증'이라고 한다.
'눈앞에 머리카락 같은 것이 떠다닌다. 무언가 눈앞에 떠다니는데 손에 잡히지 않는다'는 증상이 많다고 한다.

병원에서 비문증 관련 유인물을 주었다.

"치료되지 않는 병이라고 생각하면 됩니다. 나이가 들면 흰머리가 생기는 것과 같은 현상이고 어쩔 수 없기 때문에 걱정하지 않는 편이 좋습니다. 가장 좋은 해결 방법은 그 물체를 무시하고 잊어버리는 것 뿐입니다"

왜 이런 일이 나에게 발생한 것일까? 빠른 편은 아닐까?

지난 2주간 심적으로 조금 우울했다. 온전히 나만의 문제이고, 내가 극복해야 하는 것인데…

박완서 교수님은 사고로 먼저 떠나보낸 아들에 대해 자책과 마음고생을 많이 했는데, 어느 수녀님과의 대화에서 "왜 이런 일이 나에게 일어나는 걸까요?"

"그럼 누구에게 일어나야 하는 걸까요?" 하는 이야기를 듣고 나서 마음의 짐을 조금 내려놨다고 한다.

분명 이렇게 나의 눈에 문제가 생긴 것은 이유가 있었을 것이다. 몇 년 전까지는 주경야독으로 박사학위 공부에 논문통과를 위해 3~4시간밖에 자지 못했었고, 최근에는 강의 준비를 잘하려고 눈을 혹사한 것이 원인이었을까? 가능한 원인들을 파악해 본다.

그런데, 중요한 것은 나의 오른쪽 눈을 예전처럼 깨끗하게 되돌릴 수는 없는 것이다. 나는 현재보다 더 나빠지지 않게 관리해야 하고,

유지하고 또 현재의 눈 상태에 적응해야 하는 것이다.

몸의 부품 하나하나가 예전에 비해 약해지고, 고장이 나기 시작한다. 매일 쓰는 눈이 문제가 되니 세상을 사는 자세도 겸손해지기 시작한다. 물리적으로 예전처럼 돌릴 수가 없다고 하니 체념이 되기도 하지만, 지금부터 최선의 대응 방법이 무언가에 대해서 고민도 해본다.

항상 최선을 다하고 싶다. 그러려고 노력한다.
그러나 매번 여러 가지 제약과 여건이 불비하여 최초에 생각했던 최선의 선택을 하기 어렵다. 그래서 그다음 차선을 선택하고, 또 조건이 안되면 차차선을 선택한다.

잘 생각해 보면, 차선이 현재로선 최선이다. 차차선이 또 현 상황에서 최선이 되기도 한다. 그렇게 현재에 주어진 상황하에 최선을 다할 것이다.

50년 이상 세월의 무게가 쌓이다 보니, 내가 항상 옳을 수는 없구나! 하는 것들이 늘어난다. 다른 사람들의 의견에 귀를 기울이고 세상에 조금이나마 도움을 줄 수 있도록 노력을 경주해야 하겠다.

앞으로 남겨진 인생에서도, 주어진 상황을 겸손하게 받아들이고 의연하게 대처하도록 마음을 다잡아 본다. 그리고 아버지의 당부 말씀 "부지런히 해라"는 이야기를 가슴속에 담고 성실히 살아갈 것이다.

당신을 위한
# 은행은 없다!

초판 1쇄 발행  2024. 1. 1.

**지은이**  하준삼
**펴낸이**  김병호
**펴낸곳**  주식회사 가넷북스

**편집진행**  구다은
**디자인**  양헌경

**등록**  2019년 4월 3일 제2019-000040호
**주소**  서울시 성동구 연무장5길 9-16, 301호 (성수동2가, 블루스톤타워)
**대표전화**  070-7857-9719 | **경영지원**  02-3409-9719 | **팩스**  070-7610-9820

•가넷북스는 여러분의 다양한 아이디어와 원고 투고를 설레는 마음으로 기다리고 있습니다.

**이메일**  garnetoffice@naver.com | **원고투고**  garnetoffice@naver.com
**공식 블로그**  blog.naver.com/garnetbooks
**공식 포스트**  post.naver.com/garnetbooks | **인스타그램**  @_garnetbooks

ⓒ 하준삼, 2024
ISBN 979-11-92882-11-6 03320